Un Temps - Numéro 2 Septembre 2018 **Défunts & NDE-EMI** I

Un Temps N°2

ISBN : 978 - 2 - 9567144 - 1 - 5

Un Temps - Numéro 2 septembre 2018   **Défunts & NDE-EMI**

SOMMAIRE

EDITORIAL .... Yves Le Maître	3
COMTE-RENDU DU LIVRE DE NICOLE ... LE BLOND Evelyne Sarah Mercier	6
CRITIQUES LITTERAIRES 	11
PASS THROUGH and PASS AWAY .... Gilbert Bonnefoy	14
PARCOURS SILENCIEUX D'UNE EMISTE .. Christine Clemino	26
COMMENT TAIRE .... Michel Barster	37
LES DEFUNTS ET LA MORT .... Yves Le Maître	42
LA TRAVERSEE DU MONTPARNASSE ..... Yves Le Maître & Charles Imbert	60
FUTURES PROBLEMATIQUES DE LA NDE Charles Imbert	71
ACTUALITES 	74
TEMOIGNAGE DE COEUR ET D'ÂME ...... "Moi, Dominique JEAMPIERRE médium canal et passeuse d'âmes" Dominique Jeampierre	76
LA PROBLÉMATIQUE DE LA COMMUNICATION AVEC LES DÉFUNTS Eric Hermblast	84
VOIR AVEC LE SENTIMENT DE VOIR Charles Imbert	91
LES DÉFUNTS POUR DE VRAI Serge Fosse	100
LA MORT EN CHINE : DIVINITÉS, ÂMES, ESPRITS, FANTÔMES ET AU-DELÀ Eulalie Steens	106
CHARTE DES CONTRIBUTEURS	114

EN CONCERTATION AVEC ECLOSION, NOTRE EDITEUR :

Un Temps est une revue à périodicité trimestrielle, qui comptera à peu près quatre numéro par an, et encore, les bonnes années. Les Contributeurs de Un Temps ne s'obligent à rien, sinon à la plus haute qualité qu'il soit possible de donner à leurs apports.
En conséquence de notre liberté, il n'existe pas encore d'abonnement(s).
Un Temps sera annoncé sur le Site internet d'Eclosion, et sur différents supports. Ce sera au lecteur d'aller se renseigner au cas où il penserait qu'un nouveau numéro a pu sortir. C'est peut-être anti-marketing, mais la qualité est à ce prix. Nous considérons que l'acte d'Achat d'un lecteur est un acte unique.
De même, chaque numéro est un acte unique.

Un Temps est édité par **Eclosion**
10, rue du Fort, 62124 Barastre.
Site Internet : www.eclosion-shop.fr
(enfin ouvert !)
Adresse mail : postmaster@eclosion-shop.fr
Dépôt légal automne 2018

Comité de rédaction : Charles Imbert, Yves Le Maître, Serge Fosse, Michel Barster.

Thèmes des prochains Numéros :
Hiver 2018 : La Réalité
Printemps 2019 : La Fécondité

EDITORIAL

Veuillez noter que nous employons NDE pour Near Death Expérience ou EMI pour Expérience de Mort Imminente...

Ce numéro a pour thème les Défunts et la NDE. Ce sont en fait deux axes que certains voudraient imaginer peinant pour être réunis, mais à la rédaction d'Un Temps, nous souscrivons au survivalisme (vous verrez pourquoi), et nous avons pensé qu'au contraire, il fallait les associer. Nous les avons joints pour plusieurs raisons.

En premier lieu, après un début sur ce qui forme le monde, les archétypes, nous pouvons aussi aborder par ce qui le clôt (du moins pour le spectateur unique que nous sommes) : la Mort.

Ensuite, depuis l'apparition publique du *Phénomène des NDEs*, il est entendu de manière publique que ce phénomène est en rapport avec la mort, et plus particulièrement avec la survivance. Aussi, il est possible d'aborder la manifestation de la survivance, dans un premier temps, par ceux qui prétendent (ou pas !) attester de celle-ci, les défunts. Enfin, les défunts sont les *habitants de la mort*, et ils ont droit à un respect de principe, respect souvent occulté dans nos sociétés modernes, à l'inverse des sociétés qui ont formé les nôtres, et où ils étaient partie prenante du contrat social, liant la société toute entière.

Et il y a encore d'autres raisons. En particulier, nous relions les morts et ce qui est présenté comme une expérience de mort (imminente) car pour nous, l'actualité de cet automne est marquée par la parution du livre de notre amie Nicole Le Blond, que nous avons connue à IANDS France (dont nous sommes ou avons été membres depuis plus de 20 ans), où elle avait collaboré à diverses publications, et surtout au célèbre ouvrage collectif *La mort transfigurée*, paru en 1992, premier ouvrage trans-disciplinaire sur le sujet. L'ouvrage de Nicole Le Blond est important, parce qu'il remet les pendules à l'heure sur quelques points fondamentaux des NDEs, ou du moins du phénomène de la NDE : il s'agit d'expériences le plus souvent traumatisantes (le mot trauma - choc - n'étant pas de trop pour évoquer un impact profond) et non pas pathologiques, puisqu'elles tendent à déboucher sur des vécus positifs.

Il restait surtout à discerner ce dont nous ne traiterions pas. En particulier, trois axes ne seront pas abordés dans ce numéro : La Réincarnation, le Spiritisme, et les Soins palliatifs et approches de la Mort. Le simple fait de leurs excès ne permet que des avis contradictoires et fort peu satisfaisants. La mort reste une expérience intime, qu'il est difficile de partager sans risquer de perturber les participants à votre exposé.

Diverses études contemporaines, traitent non seulement de la survivance, mais de celle-ci avec réincarnation (qui mériterait un numéro entier), problème qui déborderait donc des deux thèmes de ce présent numéro. Nous avons choisi de traiter des défunts, parce qu'ils habitent dans la mort tout en se manifestant parmi les vivants. Il s'agit donc d'une mort proche, non lointaine, et des premières conditions menant à l'état de défunt. Elle n'est pas tant, de nos jours, d'abord ce qui se passe, sous quelles qualités, ou les conditions de ce qui advient (comme dans l'Antiquité), aspects sur lesquels Charles Imbert a commencé à publier avec ses *Cultes à Mystères*, que de traiter des fameuses *vies antérieures* et des régressions hypnotiques. Il faudrait dégager un certain nombre de considération sur les suggestions, ou le rôle de l'inconscient, avant d'accéder aux contenus. Nous voyons donc à peu près de quoi parler, mais il n'y a pas urgence en ce domaine.

Le spiritisme est affecté par un autre écueil, en sus des auto-suggestions proprement dites, ou des contresens après réception de communication : le fait qu'il existe des intentionnalités de déception, qu'on reconnaît de nos jours sous deux formes ; le trickster, ou agent (perturbateur au minimum), et l'élusivité (phénomène de déception sur le champ entier du paranormal). Deux des articles ont d'ailleurs développé sur ces sujets.

Soins palliatifs, fin de vie ? Le Pr. Abiven, pionnier dans ce domaine, était membre du Comité d'Honneur et de Soutien de IANDS-France, et Charles Imbert habita pendant dix ans à Garches, où le professeur Abiven exerçait dans un Hôpital réputé (poly-traumatisés, grands brûlés, etc.). Vers 2012-2014, Charles fit partie d'un comité d'études éthiques de fin de vie, chargé d'éplucher les suites de la Loi Léonetti (datant de 2005) et de faire remonter idées et suggestions possibles. Son écœurement – devant des pratiques sur lesquelles la *loi* ne jette qu'un rideau de mots et de jolies intentions –, prit fin lorsque son amie décéda d'un cancer, dans ses bras, mettant un point d'orgue à son implication chez les débiteurs de beaux discours. Il a donc décidé de ne surtout pas parler de ce sujet brillant de vernis à l'extérieur, assez sombre dans l'intérieur. Personne d'autre ne s'est proposé pour parler des fondamentaux sur la dignité de la personne en fin de vie (parce qu'il est besoin de les rappeler !).

La mort vient nous rappeler avec une force indicible à quel point il est impossible d'échapper aux lois naturelles que la technocivilisation appelle *lois physiques*, quand en réalité, depuis les archétypes jusqu'au plus simple des quotidiens ce ne sont que des lois naturelles à l'œuvre.

Evelyne Sarah Mercier ouvre ce numéro en nous faisant l'honneur et le plaisir de nous confier la critique du livre de Nicole Le Blond qui, dans le monde de la NDE, fera l'actualité de cette seconde partie de 2018. C'est le grand retour d'une Grande Dame, et nous sommes pétris de reconnaissance, car cet article est aussi une marque de confiance et d'amitié.

Gilbert Bonnefoy suit, en début de ce numéro, comme il l'avait fait pour le n°1, avec un rappel des angles des considérations de la mort, excellente ouverture et présentation pour ceux qui aborderaient nos thèmes sans être des spécialistes chevronnés – ceux-ci nous liront aussi, bien entendu, car ce numéro est non seulement une étape, mais posera aussi quelques apports non négligeables. Et puis Gilbert nous présente de plus une EMI/NDE atypique comme on les apprécie, cousue de symboles mythiques. Souvenons-nous que les psychanalystes ont toujours collaboré aux approches sur les NDE-EMI.

Christine Clemino, rencontrée à IANDS-France ces dernières années, nous confie un précieux apport sous la forme d'un de ces témoignages directs appréciés par les lecteurs à propos des EMI/NDE, assorti d'intéressantes perspectives : non seulement sa NDE a eu lieu sous forme de suicide, mais le nouveau parcours de Christine est dorénavant tourné vers la gestion de l'énergétique, pour soulager les maux, offrir confort et résistance aux épreuves de la vie.

Michel Barster traite du *Comment taire*. En commentant l'hypothèse de Charles Imbert sur les quatre types d'EMI/NDE, son article assure la transition entre les deux parties de ce numéro...

Dominique Jeampierre est l'indispensable médium dont il nous fallait la présence, tant dans ces pages que dans nos vies, car c'est une amie chère. Elle nous présente son témoignage personnel de médium (renommée)...

Eric Hermblast aborde le problème de la communication avec les défunts sous l'angle non-médiumnique, celui du chercheur en paranormal, ou tout simplement celui de la personne approchant des fantômes (ce sont souvent les fantômes qui nous approchent)…

Yves Le Maître fait témoignage du fait qu'être libre ici-bas, c'est être libre là-bas. Il nous parle du chemin qui mène de notre monde à celui appelé *des morts*, des principes équivalents en ce monde et dans l'autre, de ce lieu tant espéré par toutes les religions, sous différents noms et formes, et de cet ami dans les heures sombres dont nous espérons tous la présence. Les rédacteurs des premiers textes de la religion chrétienne l'ont appelé Seigneur, c'est-à-dire Christ, mot désignant le Messie, l'enfant sacré (déjà vu aussi en dionysos-zagreus-triptolème-horus-mabon...).

L'article sur le cimetière du Montparnasse est l'occasion d'un peu nous dévoiler, en faisant nous aussi témoignages sur la présence des défunts, que l'on voudrait confiner dans des cimetières, ces champs à la fois géographiques et psychiques. Comment une rue parisienne ordinaire, censée couper un tel champ, ne serait-elle pas en fait un passage dans le monde des morts ?

Charles Imbert revient sur la question de la voyance des revenants qui sont surtout des demeurants (n'étant jamais partis). Sans bases conceptuelles philosophiques, la psychologie et son indispensable volet, la para-psychologie, ne pourront progresser, ou donner à comprendre.

Serge Fosse nous confie ce qui se passe dans la tête d'un *croque-mort*, ces personnages neutres qu'on croise en général une seule fois, à l'occasion d'un deuil. Son témoignage cru et réel aurait pu ouvrir sur bien des commentaires et un retour sur les définitions, dispositions légales ou juridiques, mais ce numéro aurait alors débordé.

Eulalie Steens, sinologue, nous fait le bonheur d'un article sur les défunts d'une autre culture, en l'occurrence la Chine. Le monde de nos jours s'ouvre, à cause des communications informatiques (vues comme une nouvelle avancée de la civilisation) et il nous fallait aussi relativiser les défunts par d'autres rites, d'autres vues, le traitement que leur apporte au moins une autre culture.

Yves Le Maître

COMPTE RENDU DU LIVRE DE NICOLE LE BLOND

Mystique et NDE – titre provisoire – paraît en Nov. 2018 chez JMG

Evelyne-Sarah Mercier - Fondatrice de IANDS-France

J'ai connu Nicole Le Blond peu avant qu'elle nous rejoigne au sein de IANDS-France[1] que j'avais fondée avec Louis-Vincent Thomas à la fin des années 1980.

Psychologue clinicienne et psychothérapeute, elle proposait à l'époque des stages en auto-hypnose, relaxation dynamique et techniques d'imagerie mentale, ainsi que des journées d'études à la découverte des symboles, avec leur décryptage sur place au cœur des cathédrales. Nicole Le Blond travaillait donc déjà sur les états modifiés de conscience.

Le livre qu'elle publie aujourd'hui est le résultat de ses recherches menées dans les livres et sur elle-même, à la suite d'une rencontre avec une personne qui lui a servi de guide spirituel.

Très discrète sur ses expériences personnelles, elle ne les dévoile qu'à travers ce qu'elle nomme des poèmes inspirés, disséminés dans le texte de son livre, en relation avec ses développements théoriques, sous un pseudonyme, anagramme de son nom. Le lecteur pourra se référer à ce sujet à la postface.

La source principale de comparaison avec les récits de NDE est Sainte-Thérèse-d'Avila, que Nicole Le Blond fréquente depuis très longtemps, et à juste titre, compte tenu de la précision, de la richesse et de la rigueur des propos de cette sainte en tous points remarquable. Rappelons aussi que Sainte-Thérèse a été laissée pour morte pendant trois jours et qu'on avait même fait couler de la cire sur ses yeux, comme on le pratiquait à cette époque pour les personnes décédées. Notre intériorité, selon Sainte-Thérèse d'Avila comporte sept demeures, comme autant de stades d'évolution, pour arriver à l'union perpétuelle avec le divin. Ce mariage mystique est le but, qui implique le retournement de la psyché, ou encore ce qu'on appelle la conversion, au sens étymologique.

Il est de toute façon cohérent de traiter la partie transcendante de la NDE comme une entité séparée et à part entière.

Les sept demeures sont décrites, et Nicole Le Blond tente d'en établir les correspondances avec les dires des témoins de EMI sur leur propre expérience. Une bonne partie du livre s'attache à cette comparaison minutieuse entre les expériences de Sainte-Thérèse et les NDE, complétée par quelques apports empruntés à Saint-Jean-de-la-Croix, son contemporain, Saint-Paul, illustre prédécesseur de ces deux derniers, ou encore André Frossart et la philosophe Simone Weil, de nos jours. Tous de religion chrétienne ou s'en réclamant, et dans le cadre de cette tradition. Sur un plan théorique, Nicole Le Blond recourt à Rudolf Otto, Carl Gustav Jung et un neurologue, Steven Laureys.

Un des mystères de l'EMI est la sensation d'être hors de son corps.

L'analyse extensive que fait Nicole Le Blond des points communs entre ce que disent ces témoins illustres et ce que disent eux-mêmes les témoins NDE, spontanément et ce quelques 500 ans plus tard pour Sainte-Thérèse et Saint-Jean-de-la-Croix, est tout à fait concluante. On retrouve, en une seule fois pour les témoins de NDE, disséminés au cours de sa vie pour Sainte-Thérèse, les caractéristiques d'une expérience transcendante : perception et fusion dans la Lumière, omniscience, rencontre de chers disparus, sensation d'être un esprit détaché du corps, absence d'envie de revenir à la vie, vivacité du souvenir, perte de l'angoisse devant la mort.

En d'autres termes, comme le résume Saint-Jean-de-la-Croix, l'union d'amour dissout les angoisses. Il ne reste plus que suavité, sublimité, ineffabilité.

C'est cette phase de l'expérience qui intéresse avant tout Nicole Le Blond. Elle n'oublie pas ce qu'on appelle le tunnel - bien qu'il ne fasse

La photo d'Evelyne Sarah Mercier accompagnant un de ses articles projettera les anciens lecteurs des *Cahiers de LANDS-France*, superbe publication datant des années révolues, dans une nostalgie précise. Photo Sarah Mercier

pas partie de l'échelle de Greyson[2] - , et ce qu'on appelle la décorporation dans sa phase dite terrestre (avec perceptions de l'environnement), mais s'y attache modérément. Aussi limitées soient-elles, je suis volontiers Nicole Le Blond dans ses interprétations du tunnel ou dans sa mise à part de la décorporation. Il est de toute façon cohérent de traiter la partie transcendante de la NDE comme une entité séparée et à part entière.

Un des mystères de l'EMI est la sensation d'être hors de son corps. Nicole Le Blond se penche avec raison sur la question, et la parole mystique vient nourrir avec clarté les recherches actuelles sur le processus.

Les mystiques se posent aussi la question : l'impression d'être séparé de son corps veut-elle dire que l'âme en est partie ou non ? Saint-Thérèse-d'Avila et Saint-Jean-de-la-Croix y répondent de la même manière : l'extase se produit quand il y a suspension ou extinction des sens. Nicole Le Blond penche aussi pour considérer ainsi la coupure sensorielle comme le starter de l'expérience. Rappelons qu'il ne suffit pas en lui-même, sinon les EMI seraient bien plus nombreuses.

A ce titre, sont citées comme confirmation les expériences en caisson d'isolation sensorielle de John Lilly et, plus originale, celle du vol parabolique en apesanteur. Avec la perte des repères sensoriels, disparaissent les notions de temps et d'espace, caractéristiques aussi des NDE.

Les processus sont complexes ...mais le point commun semble bien être la coupure sensorielle qui fait perdre les repères des limites du corps.

Du point de vue cérébral Nicole Le Blond recourt au modèle du Professeur Steven Laureys: l'existence de deux réseaux de conscience, l'un traitant du monde extérieur et l'autre du monde intérieur, corrélés négativement. Quand l'un est en veille, l'autre s'éveille.

D'autres modèles neurophysiologiques vont dans ce sens. Les chercheurs de IANDS en ont fait état dès le début des recherches. Depuis les travaux de K.L.R. Jansen en 1990 sur les récepteurs NMDA-PCP impliqués dans l'anoxie, en passant, sous une autre focale, par les neurothéologiens Andrew Newberg et Eugene d'Aquili en 2002, ou les travaux récents sur le cerveau des méditants, on se doute que le cerveau est pour quelque chose dans les états modifiés de conscience. D'une façon ou d'une autre, on peut considérer qu'il y a consensus.

Les processus sont complexes et sûrement multifactoriels, mais le point commun semble bien être la coupure sensorielle qui fait perdre les repères des limites du corps.

Et Nicole Le Blond en conclut avec Bergson que lorsque le corps disparaît de la conscience, se manifestent les perceptions internes hallucinatoires. En langage psychanalytique : quand le moi corporel devient inactif, le moi mental prend le relais.

Mais ces perceptions que l'on qualifie (parfois de façon non neutre), altérées de la conscience, que sont-elles ? Le terme généralement utilisé est hallucination qui fait quand même penser immédiatement à la psychiatrie. Certains, pour les différencier des hallucinations délirantes, les ont appelées hallucinations vraies. Nicole Le Blond recourt à la définition classique de Henri Ey : une perception sans objet réel à percevoir. Elle la complète par celle de Jean-Etienne Espuirol : des hallucinations non erronées, qui, bien que non sensorielles car non corporelles, sont néanmoins non délirantes, car elles n'entraînent pas une perte du discernement.

Le critère de confirmation que ces perceptions sont bien réelles serait leurs effets transformateurs constructifs. Les hallucinations pathologiques érodent le moi tandis que les hallucinations non erronées renforcent le moi. Elles auraient, pour employer des termes actuels, un effet narcissisant constructif.

Tous les exemples recensés suggèrent donc qu'il existe au fond de nous la possibilité de ces expériences transcendantes. Il peut arriver que la métamorphose se fasse de façon instantanée, comme pour Saint-Paul ou André Frossart, mais cela reste exceptionnel. Et Nicole Le blond insiste sur le fait qu'il nous faut les comprendre et les intégrer pour parachever l'éventuelle transformation proposée.

---
les hallucinations non erronées renforcent le moi

Pour Jung, ces états extatiques, intégrés par le conscient, sont des instruments d'évolution de la psyché dans le processus qu'il a nommé individuation. L'accomplissement de l'être humain, par l'intégration des opposés, conscient et inconscient, pour atteindre son entièreté, semble être la fonction de ces expériences mystiques, que Jung appelle la fonction transcendante.

Mais cette intégration, souligne Nicole Le Blond, demande discernement, courage, intégrité.

Jung souligne qu'avec l'accroissement de la conscience, il peut y avoir inflation de l'ego. Pour Thérèse, le critère d'une expérience qui a atteint son but est l'humilité. Il y a donc lieu de se faire accompagner par une analyse psychothérapeutique, et Thérèse ne le dit pas autrement. L'expérience mystique ne va pas sans un développement parallèle de la connaissance de soi. Car le danger est que le moi s'en attribue le mérite et qu'un bien se transforme en son contraire.

Les témoins d'EMI évoquent naturellement une expérience de type spirituel. Selon Carl Gustav Jung, il existerait un instinct spirituel en l'Homme dont les rêves archétypaux en portent la marque. Leur caractère spécifique est d'être numineux selon la définition de Rudolf Otto.

Les expériences de mort imminentes se rattacheraient donc à ce numineux, force issue de l'inconscient – collectif et non personnel -, à l'origine du sens du sacré et du religieux. L'expérience numineuse provoque en effet de façon irrépressible une émotion intense associée à un sentiment de dépassement, de respect, de confrontation à l'incommensurable, à l'irréductible.

Nicole Le Blond développe donc ce concept du numineux, très éclairant et moins réducteur, que les catégorisations traditionnelles des EMI.

J'avais moi-même, à la suite de mon expérience d'initiation au Gabon en 1995, repris cette distinction de Rudolf Otto

---

Rudolf Otto auteur de cette appellation, décline le numineux en un *Mysterium Tremendum*, qu'on peut traduire par terreur sacrée, et un *Mysterium Fascinans*, qu'on peut traduire par fascination sacrée. Au Tremendum on peut associer l'expérience dite infernale des NDE, vécue aussi par Sainte-Thérèse d'Avila, mais pas seulement, et au Fascinans, l'expérience transcendante dans sa modalité extatique.

Dans les EMI, on s'est longtemps contenté de diviser les expériences entre expériences positives et expériences négatives, effrayantes, ou infernales, ressemblant aux descriptions classiques de l'enfer. Les premières étant souvent taxées de réelles et les autres de suspectes.

J'avais moi-même, à la suite de mon expérience d'initiation au Gabon en 1995, repris cette distinction de Rudolf Otto, tant mon expérience semblait se rattacher au Tremendum, loin de l'acception infernale de la NDE[3].

Le *Mysterium Tremendum* ne se réduit pas à l'expérience infernale. Il peut être une confrontation à l'Incommensurable, ce qui procure un sentiment d'écrasement face à la Source ou à l'Un. Il en ressort le sens du sacré comme avec les expériences du Mysterium Fascinans, mais avec l'assurance de l'humilité, qui n'est pas garantie dans ces dernières et dont l'absence peut être un écueil.

Nicole Le Blond conclut avec Jung sur la nécessité de tenir compte de cette dimension immergée de notre psyché, trop ignorée par nos sociétés actuelles soucieuses d'efficacité rationnelle

---

La numinosité devrait induire un effacement de la prétention du moi tout en le renforçant, alors que les états psychotiques produisent une altération du moi, de la violence, de la mégalomanie... La transformation de la conscience par le numineux, bien intégrée, accompagnée ou non, aboutit à terme à une vie plus sage et plus harmonieuse, plus aimante, plus apaisée.

Nicole Le Blond conclut avec Jung sur la nécessité de tenir compte de cette dimension immergée de notre psyché, trop ignorée par nos sociétés actuelles soucieuses d'efficacité rationnelle, et du coup soumises au désordre, à la violence et à la destruction de l'être humain, de la nature et du monde. Les EMI semblent donc révéler le besoin d'évolution de la conscience, d'accomplissement de l'être. Il existerait une entéléchie de l'âme, dont il serait urgent de prendre conscience pour redresser nos errements actuels. La NDE est un indicateur, mais les chemins sont multiples, nul besoin de frôler la mort pour cela.

Sa formation et son activité de psychologue, son itinéraire personnel caractérisé par des percées éparses du numineux sur le long terme, son étude persévérante de l'œuvre de Sainte-Thérèse d'Avila[4] ont permis à Nicole Le Blond de parachever sa réflexion dans une dimension certes christiano-centrée, mais suffisamment anthropologique, pour poser un jalon de plus dans la recherche sur les Expériences de Mort Imminente.   **Evelyne Sarah Mercier**

---

(1) International Association For Near Death Studies, association à but de recherche scientifique et d'accompagnement dont l'objet sont les Expériences de Mort Imminentes (EMI, terme français redevable à des chercheurs français qui ont précédé nos collègues américains sur le sujet au XIXe siècle) ou Near death Experiences (NDE).
(2) L'échelle de Bruce Greyson est une échelle construite statistiquement destinée à déterminer si une expérience peut être qualifiée ou non de NDE.
(3) Mon expérience, passée au crible de l'échelle de Greyson, pouvait être qualifiée de NDE. Evelyne-Sarah Mercier et Muguette Vivian, *Le voyage Interdit*, Belfond 1996
(4) Un premier article la prenant comme exemple et centre d'intérêt a été publié dans *La mort Transfigurée, ouvrage collectif de LANDS-France sous la direction d'Evelyne-Sarah Mercier*, Belfond 1992.

CRITIQUES LITTERAIRES

La Mort et ses au-delà
Maurice Godelier
CNRS éditions - 2014
Poche en 2018

L'intérêt de ce livre sorti en 2014 est double, puisque d'une part hautement marquant, et d'autre part reçu deux fois après achat sur internet (la première commande avec une ancienne carte bancaire étant passée en même temps que la seconde commande opérée avec une nouvelle). L'âge des robots idiots est bien là, annoncé par certains auteurs de science-fiction, et il ne sera pas amendé par le triomphe des systèmes experts (ces bricolages qu'on prétend nous vendre comme A.I. – intelligence artificielle).

L'ironie n'est pas là : Maurice Godelier commence son introduction par « En 2011, un certain nombre de médecins, de juristes, de spécialistes des politiques de la santé nous avaient posé… cette question : "Pourriez-vous nous éclairer sur les façons dont la mort est conçue et vécue dans d'autres sociétés que la nôtre ou l'a été à d'autres époques que la nôtre ?" ». Le *Nous* du *nous avaient posé*, c'est bien sûr le CNRS, qui édita le livre grand format, lequel eut tant de succès qu'il est à présent proposé en format poche. Maurice Godelier, grand ethnologue, auteur d'ouvrages remarqués, a donc réuni la collection de communications de 14 spécialistes. Sur 400 pages, environ 50 sont consacrées à l'Antiquité, 150 vont aux Grandes cultures (Inde, Chine, monde judaïque et islamique), et le reste, non moins intéressant, concerne des peuplades d'Asie, d'Amazonie ou de Mélanésie.

Enorme surprise, ou qui pourrait être une surprise, et donc de taille, loin d'être une *foire à l'imaginaire* ou *un pot-pourri de superstitions démentes*, toutes les manières humaines d'envisager la mort se corroborent dans cet ouvrage en un mince faisceau de plusieurs points communs, et ceci donc tout autour du globe, et par diverses traditions.

Dans le monde, il y a partout de la survivance, partout des au-delà, partout des fantômes. Mieux, les modalités et pré-requis de ces concepts se recoupent.

Une telle enquête n'est pas nouvelle : déjà, le CNRS avait déjà publié des recherches comparées, par exemple sur les génies ou les anges, ou encore sur le Jugement des morts, un concept partagé par quantité de cultures (et qui fut conservé par les premiers clergés chrétiens le confondant avec l'*épikrosis*, ou fin des temps). Disons qu'elle est récente, actuelle et honnête.

Les corroborations de Maurice Godelier sont présentées par lui comme une liste d'invariants. Ceci aussi est nouveau, en rebasculant le concept d'invariant anthropologique depuis la case "mythe archaïque commun" jusqu'au premier rang de "Façon de voir commune à l'espèce humaine, dénotant une vision sine qua non ayant sans doute ses bases dans une réalité objective". Après tout, le ciel est bleu pour tout le monde sur terre, n'est-ce pas, même si des peintres se sont plu à le représenter en jaune (ce qui est parfois fort joli) ?

Ce livre fracasse donc les positions des anti-survivalistes : ceux qui pensent par exception, ceux qui veulent croire, c'est eux. Pourtant, c'est ce qu'il faudra déduire, saisir, et ensuite affirmer, car bien sûr Maurice Godelier et son équipe sont prudents, et usent de mots choisis. Exemple ? Il y a le refus constant du mot esprit, au profit du mot *âme*, ne voulant pas du tout dire la même chose, sauf précisément pour des incultes capables de ne pas vouloir voir la différence… En attendant, "âme", ça reste flou, sans trop de connotations, n'est-ce pas ?

Qu'à cela ne tienne, un obscur s'est chargé de rédiger la quatre de couve, pour enfin faire dire l'inverse à cette somme. Dans ce petit texte de résumé, on parle de "créativité" ou "d'imaginaire", pour finir par un coup de Jarnac assez vicieux, car la dernière phrase est : « La vie continue, croit-on, après la mort ». Toujours la *crouaillance* et la superstition, n'est-ce pas ?

Conclusion : cet ouvrage prend place dans la liste des classiques incontournables traitant de la mort.

Charles Imbert

Savoir Mourir
Blanche Merz
Georg - 1995

A quoi bon faire la critique d'un livre qu'on ne recommande pas du tout ? Eh bien à avertir les lecteurs de faire des économies de temps et d'argent en indiquant que hélas, un mauvais livre de plus est là, jetant le trouble dans les confiances en ce qui peut être publié.

Blanche Merz est surtout connue pour un ouvrage sur les *Hauts Lieux Cosmo-Telluriques*, chez Georg, le même éditeur (ce qui justifierait l'envie de capitaliser sur la notoriété de l'auteure). Car ce premier ouvrage sorti en 1983, en était semble t-il déjà, 12 ans plus tard, à sa 6ème édition. En 1995 parut donc ce livre sur la mort, d'une indigence soutenue, émaillée cependant par la nacre de quelques perles. Par exemple, il y aurait neuf chakras principaux, à cause de la découverte de Neptune et Pluton (Uranus connait pas, on dirait). Sur la page d'après cette super précision, nous lisons que ces neufs chakras correspondent aux Séphiroth (qui sont en fait dix, et voire onze, si on compte Daath). Autre info, il y a juste quatre corps, le physique, l'éthérique, l'aurique et le spirituel, sans qu'on sache quelle Tradition peut développer ou légitimer cette prétention. Le reste des apports de la publication est du même acabit, ce qui force à reconsidérer l'idée qu'on avait pu conserver de *Hauts Lieux Cosmo-Telluriques* : et si là aussi tout était du même niveau, procédant par affirmations très peu fondées et presque pas explicables ?

Le sous-titre est « Le suicide n'est pas une solution ». Les 110 pages aérées du livre traitent de fait de temps à autre du suicide, comme une espèce de liaison étrange, fil rouge qu'on aurait recousu dans un paquet de notes éparses, redondantes ou hors-sujet.

Le superficiel reste donc la clé majeure de ce petit livre qui prétendrait par son titre se donner à voir comme un Ars Moriendi moderne (le *Bene moriendi* fut une suite de vignettes xylographiques du XVᵉ siècle, illustrant les derniers moments, entre prêtre, notaire et médecin, trois hommes en noir, entre autres intervenants). Hélas, il n'existe même pas de table des matières qui aiderait peut-être à voir les étapes de ce Savoir mourir qui encourage, dit la 4 de couve, à vivre plus consciemment et « s'ouvrir et se préparer à un certain art de mourir » (on ne voit plus le rapport avec le suicide).

Conclusion : gloubi-boulga. Plat imaginaire et sans doute préféré, non pas de Casimir le dinosaure, mais de la marmotte qui plie le chocolat dans le papier d'alu.

Eric Hermblast

Yin Yang, la dynamique du monde
Cyrille J.-D. Javary
postface Danielle Elisseeff
Albin Michel, avril 2018

Qui, en Occident, ne connaît le yin et le yang ? Ou tout du moins croît les connaître. Quelques lignes suffisent à les comprendre, imagine-t-on. En fait, le propos est bien plus compliqué. Cyrille J.-D. Javary a réussi ici une gageure : écrire un livre de 200 pages sur ce sujet. 200 pages ! Et d'entraîner le lecteur sur un parcours étonnant qui nous mène dans les tréfonds de la pensée chinoise.

Dans le premier chapitre, l'auteur définit ce qu'il faut comprendre par yin-yang : qu'est-ce que ce couple, ce binôme. D'emblée, il nous oblige à faire une révolution dans notre esprit : le yin ET le yang, cela n'existe pas : les Chinois ont toujours évoqué le yin-yang ! Le chapitre 2 nous plonge dans la Chine antique, au moment où les concepts philosophiques chinois se mettent en place. Comment en est-on arrivé à élaborer ce principe ? La réponse est donnée en passant par l'analyse de la divination sur carapace de tortue, la naissance de l'écriture, la calligraphie, le *Daodejing* et le *Yijing*. Le chapitre 3 nous dévoile la représentation visuelle du yin-yang grâce au Taijitu. Tandis que le 4 nous explique tout ce que yin-yang peut impliquer dans le quotidien tant dans le monde paysan, la batellerie, les coutumes, la géomancie, l'architecture, la médecine, la cuisine, la poésie, la peinture, etc.

Ce que l'auteur nomme « le penser chinois ». Le dernier chapitre clôt l'analyse en exprimant la façon dont le yin-yang peut changer le regard sur le monde.

Le mérite de cet ouvrage est, à partir d'un simple concept, de nous plonger dans les arcanes de la civilisation chinoise. Et, dans un déroulement clair et accessible, de présenter un ensemble cohérent émaillé de références précises. Toutes les notions sont accompagnées de leur référence en chinois, avec la présence constante des idéogrammes, qui, expliqués, deviennent limpides même pour un lecteur non-sinisant.

Un livre à garder précieusement dans sa bibliothèque pour découvrir l'univers de la Chine.

Eulalie Steens

Essais sur l'histoire de la mort en Occident
Philippe Ariès
Seuil Points Histoire 1975 - 2015

Philippe Ariès (1914-1984) est resté très apprécié des lecteurs pour son honnêteté dans la sociologie historique tout autant que son écriture lisible et limpide. Le gros pavé de 1975 que nous connaissions (et que plusieurs d'entre nous ont égaré, après sondages) fut réédité en deux volumes *poche* en 1985 dans la collection Points Histoire, ce qui fut pour ma part une nouvelle occasion de les égarer (parus il y a 33 ans, avant 10 déménagements, dont 5 infligés en 7 ans par une ex-épouse, ou 3 rien que dans l'année 2015). Aussi, constater que ce livre majeur tient de nos jours (2015) en 220 pages laisse supposer que le texte original aurait pu devenir une version abrégée…

Ce livre majeur se voulait au départ une étude des attitudes devant la mort (art funéraire, testaments, comportements des familles) et devint au fil de quinze ans d'enquête un si vaste champ d'enquête que Philippe Ariès reconnaissait dans sa préface que ce n'est qu'en préparant quatre conférences qu'il vit enfin ce qu'il voulait (ou pouvait) dire… Ne souriez pas, nous en sommes tous là.

Le livre se divise en deux parties, *Attitudes* et *Itinéraires*. La première partie comporte quatre sections :

La mort apprivoisée traite des manières de vivre avec la mort dans nos sociétés, et se refermera avec *La mort interdite*, un constat de la fin de la mort apprivoisée, puisque de nos jours on rejette la mort dans des institutions comme l'hôpital, ou même le concept, qu'on abordera comme mortalité, ou même déficit de santé. Pour les deux sections restantes, *Mort de soi* aborde très superficiellement des concepts comme le devenir (et le Jugement dernier, encore plus survolé), et *Mort de toi* parlera non tant du deuil, que de la dévolution des héritages (car il y a aussi des morts de riches et des morts de pauvres).

La seconde partie est le fourre-tout d'une intéressante documentation, et n'est pas tant un *itinéraire* qu'une dérive sur divers sujets, de faits collectés à travers contes et chroniques. On se perd un peu dans la désignation des sections, qui ne traitent pas de ce qu'elles annonceraient (avec des mots forts : *miracle, sentiment, culte*). Il ne s'agit donc pas d'une Histoire de la mort en Occident, mais d'Essais sur des témoignages historiques laissés par les classes supérieures occidentales. Des conclusions sont curieuses, comme : « La correspondance certaine entre le triomphe de la mort et le triomphe de l'individu pendant le second Moyen Age nous invite à nous demander si une relation semblable, mais inverse, n'existe pas aujourd'hui entre *la crise de la mort* et celle de l'individualité. » Ceci sent son post-1968, son post Jung, et interroge surtout ce qu'est devenu l'homme défini comme machine par l'idéologie scientiste. Nul besoin d'aller projeter dans un Moyen Age idéal (idéel, et découpé) des triomphes idéologiques.

Ce livre, indispensable lors de sa sortie, reste aujourd'hui daté. Oui, il faisait réponse à ce qui arrivait aux USA, et dont on avait échos par les informations *alternatives*. Il se clôt par la mention du *médecin* (inutile ?), un mot-citation de l'inconvenance de la souffrance, deux courts articles de 3 et 7 pages, *Time for Dying* et *The dying patient* : ces titres anglais montrent d'où soufflait le vent.

Les sciences humaines étaient à l'époque complexées : victimes de la morgue des sciences *dures* auxquelles elles voulaient plaire. Ce livre non historique était donc en avance. Certes, on aurait pu dire des vérités, et ce que disait Ariès était déjà assez dérangeant, quoi que faible de café et noyé dans une aimable chicorée…

Conclusion : Reste indispensable au chercheur, et demeure très lisible par le Grand Public pour élargir et relativiser des horizons.

Michel Barster

PASS THROUGH and PASS AWAY

Une présentation classique, en développements sur la base reconnue

Gilbert Bonnefoy - Psychanalyste

Les multiples récits d'EMI viennent nourrir cette réflexion, et la qualité des principales associations qui recensent ces expériences puis examinent leurs contenus, donne de la densité aux méditations personnelles de chacun.

A ces récits, viennent s'ajouter les différentes expériences psychiques. Bernard Lempert disait « Il y a des choses que l'on ne peut comprendre qu'en les devenant », ce qui doit aussi s'entendre « Il y a un double mouvement à observer : D'un côté, ce que nous avons compris s'intègre à nous et participe à ce que nous sommes tandis que d'un autre côté, nous nous insérons et pesons de toute notre vitalité dans la sphère de ce qui a voulu se faire connaître à nous. Ainsi, chacun, dans son monde principal, devient l'ambassadeur de l'autre. »

Le fait de devenir semblable à ce qui est compris, lorsque le sujet est l'inconscient, explique que l'on puisse être saisi par lui, par ce qu'il est, par ce qu'il contient.

C'est ainsi que la grande bibliothèque du vivant, la compilation de toutes les expériences, de toutes les sensations et de toutes les assimilations emmagasinées par tous les êtres depuis la nuit des temps, peut s'inviter et nous inviter parmi ses rayons pour proposer sans jamais imposer, des encyclopédies en phase avec nos centres d'intérêts.

Il est des éléments dont l'omniprésence est à ce point flagrante que nous finissons par les oublier. Ainsi, au cours de ses occupations quotidiennes, qui d'entre nous prête attention à l'air qu'il respire ? Tout est cyclique, et donc, transitoire, sans que nous ne prêtions vraiment attention aux conséquences de ce fait.

La pratique analytique remet, justement, dans le circuit de la conscience, tout sel oublié de l'omniprésence de la mort.

Cette omniprésence est comme un centre de gravité dont tout ce qui est psychique subit l'influence.

Même les aspects les plus anodins de nos préoccupations les plus ordinaires y sont subordonnés. Ce centre de gravité apparaît comme un marqueur dans les processus d'évolution et d'approfondissement de l'être. Il se place comme la clé de voute de tous les passages et de toutes les transformations qui élargissent notre conscience.

Ce n'est qu'en mourant à notre statut d'enfant que nous permettons à notre potentiel d'adulte de se développer nominalement. Ce dernier ne se réalisera pas pleinement tant qu'il restera parasité par des revendications puériles. Il faut vraiment que les attentes de l'enfance soient complètement et radicalement écartées pour que notre autonomie donne toute sa mesure, et ce n'est qu'à ce prix que notre nature profonde s'épanouira et rayonnera.

Nous parlons bien entendu ici, d'une mort qui préside aux métamorphoses de l'existence. Il s'agit de mourir à un état pour émerger à un autre et s'y développer.

Cette mort occupe l'espace situé entre la dernière extrémité d'un cycle finissant et le début du prochain. A ce titre, elle figure clairement l'épreuve du passage. Cette série de confrontations à la mort ne met pas fin à notre existence, c'est là le détail qui la différencie de l'autre mort, celle qui donne droit à un certificat de décès officiel.

D'un côté, ce que nous avons compris s'intègre à nous et participe à ce que nous sommes, tandis que d'un autre côté, nous nous insérons et pesons de toute notre vitalité dans la sphère de ce qui a voulu se faire connaître à nous.

Pour le reste, tout est à l'identique : Le délitement d'un système condamné, la résistance à se séparer des routines rassurantes alors que pourtant elles ne nous épanouissent plus, la tentation de se réfugier dans le déni malgré la flagrance de l'inéluctable, la peur viscérale, les affres du

Œuvre sculpturale funéraire contrastée par les intempéries, les ruissellements et le temps.   Photo C. Imbert

doute, la tentation de fuir notre destin et toute notre impuissance devant l'incontrôlable glissement qui nous emporte vers l'inconnu... Puis enfin, dès que le passage est franchi, la grande délivrance, ce sentiment ébouriffant de vie, la découverte enthousiaste de toutes ces dimensions insoupçonnées et la liberté de déployer nos ailes nouvelles dans un monde agrandi....

Bien entendu, la mort traditionnelle reste un mystère et la joie de se métamorphoser X fois au cours d'une existence ne garantit en rien la permanence de la conscience après l'arrêt de notre cœur.

Pour autant, le fait d'avoir, symboliquement parlant, traversé un certain nombre de fois la mort au cours de notre vie, et de s'en trouver bien, peut donner un certain pli à notre façon d'aborder la chose, ou tout au moins, fonder un socle cohérent à partir duquel s'organise notre questionnement sur ce qu'il peut bien survenir lorsque le biologique s'éteint.

A ce stade, nous venons de recenser trois vecteurs nous parlant de la mort à leur façon : les métamorphoses de l'existence, les récits d'EMI et l'initiation mystique.

Ces vecteurs rassemblent une quantité de données, de constatations, d'ordonnancement et de méditations prospectives qui sont issues d'un nombre de personnes suffisamment important pour faire faisceau.

L'hétérogénéité de nature des multiples intervenants décourage par avance toute tentative de récupération idéologique. Le fait de rassembler autour d'un même thème une telle tour de Babel en termes de profils, de formations et de cultures sans jamais être prosélyte en termes de religion, porte en soi la marque de l'universel ; et c'est bien là ce qui en justifie l'étude.

Nous voilà au seuil de l'embarquement vers la découverte d'un sujet qui concerne rigoureusement tout le monde et dont la compréhension peut fondamentalement changer le sens d'une vie.

Au cœur des temples égyptiens, au niveau de la partie destinée aux rites, se trouvait une statue d'ISIS voilée. Au fronton de cette statue était écrit : « Aucun mortel n'a soulevé mon voile ». Tous les égyptiens antiques sont bien morts aujourd'hui, même les initiés, mais il est probable que tous ceux pour qui ISIS s'est dévoilée ont pu aller jusqu'au terme de leur vie avec la sérénité paisible d'une connaissance qui leur permettait de voir loin.

Se réapproprier la notion de mort en tant que passage est aussi une façon de se délivrer du travail de sape de l'effacement de soi. C'est se mettre hors de portée de ces vagues mortifères induites par le trauma, celles-là même qui diffusent ces sensations d'inexistence, d'illégitimité et de dissolution dans le néant.

Juste avant que nous entrions dans le cœur du sujet et exprimions des choses inusitées qui dédramatisent la mort, et qui de fait sont analytiquement intéressantes, ne serait-ce que par la rareté des occasions au cours desquelles le sujet est développé, il me semble nécessaire d'avoir une pensée pour tous ceux qui seront dans l'impossibilité de nous suivre, même si ça les intéresse, juste parce que le sujet en lui-même les met en panique.

Je pense particulièrement aux personnes dont la capacité à se métamorphoser à été brisée, à tous ceux qui ne peuvent plus interpréter la mort comme un principe de séparation ni comme un rite de passage parce que chez eux, l'inconscient a été chamboulé par la morbidité, l'emprise et la confusion. – Tous ceux qui se sont vécus

Génie du Sommeil Eternel (1889) par Horace Daillion au Cimetière du Montparnasse.   Photo C.Imbert

comme morts après avoir totalement perdu le contrôle de leur vie sous l'emprise d'un tiers, tous ceux qui ont été abusés, harcelés, violés, dépossédés d'eux-mêmes, tous ceux dont une part de l'être est restée figée, glacée, immobile et expulsée hors du monde[1], et qui de leur lieu d'exil ressentent encore une peur dévastatrice qui les bloquent – Tous ceux-là, prisonniers de leur bulle de verre, ne doivent pas être oubliés.

Même s'ils ne peuvent pas encore trop approcher nos propos pour les entendre, ils ne sont pour autant pas isolés hors des cycles humains. Ils demeurent concernés et il convient de les intégrer à nos échanges. Ils retrouveront tôt ou tard leur capacité à renouer avec le mythe et les longs chemins de la migration des âmes se présenteront à nouveau sous leurs pas.

Se réapproprier la notion de mort en tant que passage est aussi une façon de se délivrer du travail de sape de l'effacement de soi. C'est se mettre hors de portée de ces vagues mortifères induites par le trauma, celles-là même qui diffusent ces sensations d'inexistence, d'illégitimité et de dissolution dans le néant.

Cette délivrance viendra, c'est sûr, c'est certain, alors autant anticiper la résilience et les inviter ici et maintenant après avoir reconnu et compris leur grande souffrance.

Cela devait être dit, maintenant nous allons pouvoir commencer.

Je voudrais présenter une expérience d'EMI assez atypique dans la mesure où elle est intervenue alors que le sujet bénéficiait de son entière intégrité physique. Nulle maladie ou accident ne l'avait amené au confins de son existence. Il s'agissait d'un sujet jeune, 23 ans, et en parfaite santé.

Une fois cette précision faite, il me parait utile d'anticiper toute polémique qui pourrait venir corroder ce point de départ : il serait naturel de penser qu'à partir du moment où il n'y a pas altération du corps et rupture de l'intégrité biologique on ne peut pas parler d'EMI. Il est toujours naturel de penser que par hypothèse, il ne peut s'agir que d'un cas psychique commun, au mieux un rêve, éveillé ou pas, au pire d'une bouffée délirante.

Le trauma crée de la dissociation. La part figée et démagnétisée de l'être est d'abord dissociée puis reste en marge de la part restée saine qui, elle, poursuit son évolution.

Pour ma part, je l'ai pourtant bel et bien analysé comme une EMI et je vous propose : 1) De donner un rapide tableau de vie du sujet concernant la situation qui précède cette expérience 2) De procéder à la narration de ladite expérience 3) D'indiquer les éléments d'analyse qui permettent de la classer dans les EMI. 4) D'envisager quelques conclusions

1) Tableau rapide :

Le sujet avait été orphelin jeune, pas de fratrie, la perte du premier parent était survenue durant l'enfance, celle du second au début de l'adolescence. Il était marié mais il était resté en province alors que les obligations professionnelles de son épouse l'obligeaient à vivre sur Paris, et de fait, ils ne se voyaient qu'un weekend sur deux.

L'épouse avait opté pour une co-location avec une joyeuse bande de copines, le sujet vivait seul. Quelques mois avant le mariage, le sujet avait aussi perdu ses parents adoptifs ; sa mère de façon brutale, son père d'une façon lente étalée sur de long mois, ce qui l'avait accaparé et pas mal coupé de ses amis. Il disait avec humour que sa situation tenait du *Livre Guinness des records* dans la mesure où à un âge ou la plupart de ses amis avaient toujours leurs parents, lui avait déjà perdu deux fois les siens ! Le sujet se disait contemplatif, tourné vers la spiritualité, mais aussi vers la science. Sensuel, avec un gros appétit de vivre et d'aimer, il se sentait toutefois désabusé et triste de l'état général du monde. Le cynisme des politiques internationales et la toute-puissance des dérives marchandes le désabusaient tout comme le désabusait le peu d'exigence morale de ses contemporains. Selon sa perception, leur facilité à être endormis par quelques satisfactions matérielles pendant que derrière leur dos la démocratie se faisait détourner par les lobbying et la corruption l'attristait. Sa défiance envers le matérialisme prenait aussi corps par la transformation de son environnement. La commune où il résidait était touristique et se bétonnait à tout va, l'habitat sauvage se détériorait et le biotope auquel il était attaché disparaissait. La population locale était submergée par une faune citadine consumériste et exigente, il reconnaissait de moins en moins de monde dans son quartier.

---

*Le cynisme des politiques internationales
et la toute-puissance des dérives marchandes
le désabusaient tout comme le désabusait
le peu d'exigence morale de ses contemporains.*

Sans être dépressif, ce sentiment de décalage et de perte de repères lui donnait du vague à l'âme. Il nous dit que le déclencheur à justement été un décalage qui lui a sauté aux yeux.

Un soir ou il avait appelé son épouse avec le besoin lancinant d'échanger sur ses préoccupations sensibles, celle-ci n'avait pas le temps, elle partait à une fête, les copines l'attendaient dans l'ascenseur, il fallait qu'elle raccroche illico.....

Entendons-nous bien sur un point : Basiquement notre sujet aimait le côté joyeux et insouciant de son épouse qu'il évaluait comme de l'optimisme. Cet optimisme lui plaisait et avait en plus la vertu d'attiser son désir envers elle. Cette circonstance n'était donc pas en soi un évènement de nature à le contrarier.

Pour autant, à la manière d'une avalanche qui se serait abattue sur son monde, cet épisode lui a imposé le sentiment soudain qu'il n'était plus connecté avec personne et qu'il n'aurait plus jamais aucune chance de pouvoir communiquer avec autrui à la hauteur de ses attentes profondes. Pire, il a découvert d'une façon assez subite que finalement, il se sentait vraiment très seul, et qu'il voyait l'humanité comme une masse à la dérive qui ne l'intéressait plus.

De son lit il fixait le lavabo et la lame de rasoir, il visualisait les gestes à faire, tout devenait de plus en plus précis, de plus en plus concret.

Il en est arrivé à la conclusion quasi instantanée qu'il n'avait aucune envie de vivre auprès de contemporains qu'il estimait superficiels et cupides, et surtout, il avait la conviction qu'aucun refuge n'était possible vu qu'à terme, c'est toute la planète qui serait atteinte par la pollution, la surpopulation, l'infertilité et la désertification.

De façon à ne plus avoir à côtoyer cette espèce humaine oppressante, notre sujet a tout simplement trouvé libératrice l'idée de se soustraire aux contraintes du monde et il a mis en place les conditions nécessaires à son suicide. Le processus à duré plusieurs jours et à aucun moment il n'a eu une quelconque velléité à revenir sur sa décision.

Bien entendu, il est clair que le caractère subit de cette décision ainsi que sa dimension radicale nous ramènent à ce que nous appelons un épisode de décompensation. Cet épisode est ici porté par une sacrée inflation du moi! Retranscrit en d'autres termes, nous pouvons considérer que c'est un peu comme si le sujet avait dit :

« Pas question que je reste dans ce zoo avec cette bande de singes, moi, j'ai ma dignité, je ne veux être associé ni à ce qu'ils ne font ni à ce qu'ils sont alors je m'en vais ! »

Parallèlement à cela, nous pouvons constater avec intérêt qu'au cours de cet épisode, la conscience et la raison ont toujours accompagné la dynamique suicidaire sans qu'à aucun moment ni la peur ni l'effondrement émotionnel ne soient venus la contrarier ou l'interrompre.

On peut, évidemment discuter la valeur de cette raison accompagnatrice et encore plus de la racine originelle de ce qui la fondait, mais, en notre qualité d'observateur, nous devons admettre qu'elle avait pour elle d'être construite et de bien étayer la pensée, ce qui hélas, garantissait à notre sujet toutes les chances de réussite dans sa triste entreprise.

2) L'expérience

Il convient de préciser que le sujet vivait en bord de mer. L'eau brûlante était fournie par le circuit sanitaire et une lame de rasoir neuve l'attendait posée sur le lavabo. De beau matin, il s'apprêtait à imiter la manière des anciens romains pour se donner la mort. Tout était paré, il pouvait prendre son temps, apprécier ses derniers instants dans un monde qui ne lui avait rien fait, à part, peut-être, héberger une espèce humaine qu'il ne cautionnait plus et dont il n'attendait rien : il n'avait, du reste, laissé aucun mot derrière lui.

Dans la mesure où sa démarche était exempte de toute pulsion morbide, les notions de temps et d'harmonie lui importaient, il s'était donc couché pour quelques instants de méditation avant le passage à l'acte. Plus l'échéance approchait, davantage une sensation de liberté le gagnait. Il aimait bien la densité de l'air, la luminosité, tout lui semblait palpitant et paisible. Son esprit finit par se tourner vers l'action. De son lit il fixait le lavabo et la lame de rasoir, il visualisait les gestes à faire, tout devenait de plus en plus précis, de plus en plus concret. Au bout d'un moment, la visualisation des gestes était si réaliste qu'il avait la sensation de vraiment les faire, son intention, sa réalisation imaginaire, devenaient quasiment une réalité matérielle, le moment était venu et il a décidé se lever.

C'est à ce moment précis que nous pouvons considérer que l'expérience commence.

En effet, malgré la volonté de se lever, il a eu la sensation d'être paralysé alors que sa vision lui donnait pourtant l'information qu'il était en position debout au-dessus du lavabo. Sans paniquer, il a cherché à mettre de l'ordre dans ses pensées tout en ayant le sentiment d'une présence. Cette présence, c'était son corps dont il était sorti et qu'il voyait de quelques mètres.

Il s'en est approché et a constaté que ce corps avait une personnalité à part de la sienne. Il lui faisait penser à un petit animal familier totalement terrorisé, pas exactement primaire, mais, coincé dans les limites de la sphère animale, soumis aux instincts, il se dégageait de lui de l'innocence et de la vulnérabilité. Son corps avait peur, plus que peur, il était très pâle et s'agitait comme on peut s'agiter dans un sommeil nerveux, comme s'il avait perçu qu'il allait mourir.

Le sujet à tout de suite pensé qu'il venait de réussir son geste et que son corps agonisait. Libéré mais un peu hagard, il a ressenti ue grande attraction magnétique vers laquelle il eut envie de se diriger et il s'est retrouvé dehors. Il a éprouvé une immense bouffée de joie et de soulagement en voyant un magnifique drakkar stationné dans la baie, le long de la côte. Il s'est dirigé vers lui et a remarqué qu'un viking gardien était posté devant la passerelle. Il s'attendait à ce qu'il s'écarte pour le laisser passer, mais ça n'a pas été le cas. Il s'est alors fait reconnaître d'un ton avenant en disant : « C'est moi ! »

Dans la mesure où sa démarche était exempte de toute pulsion morbide, les notions de temps et d'harmonie lui importaient, il s'était donc couché pour quelques instants de méditation avant le passage à l'acte.

Le gardien du seuil est resté immobile et silencieux. Le sujet a insisté en laissant paraître toute son incompréhension : « Mais enfin !!!!! C'est MOI ! » Le gardien du seuil lui a répondu d'une manière sereine, calme, juste, d'où la plus grande inflexibilité tranquille émanait. « C'est bien le jour, c'est bien l'heure, mais ce n'est pas l'année. »

Le sujet a compris, au-delà de sa conscience, directement au fond de lui-même, que c'était là une parole de vérité, qu'il s'agissait bien du lieu de rendez-vous, mais qu'il était en avance de plusieurs années. Il s'est senti envahi d'une immense déception, déception d'autant plus désespérée qu'il comprenait bien qu'il n'y avait absolument rien à faire, pas de négociation possible, il n'était pas de même nature que le viking, pas de même nature que le drakkar, il ne pesait pas sur les faits, il y avait ici quelque chose de la loi qu'on ne peut pas transgresser.

Tout penaud, il est retourné chez lui et là, à sa grande surprise, il y a découvert le plus improbable des branle-bas de combat.

Un lama tibétain était en lévitation dans sa chambre et semblait en communication télépathique avec tout un tas de personnes, l'ambiance était tendue, pleine d'urgence.

Dès que le sujet est entré, le lama s'est exprimé avec un grand soulagement : « Ah, le voilà ! » Le sujet a compris que le lama était là pour lui et que les personnes avec lesquelles il communiquait s'occupaient aussi de son cas, mais il a bien noté le climat de panique et a estimé qu'avec eux, il y avait peut-être quelque chose à tenter.

Il avait bien compris les bonnes intentions du lama et de ses interlocuteurs mais il était décidé à pousser son avantage et à ne pas retourner vivre. En fixant l'atmosphère ambiante il voyait des points lumineux organisés comme des structures. Il a posé un pied sur un de ces points lumineux, puis sur un autre plus haut, et

Mausolée au cimetière du Montparnasse, collection de concepts architecturaux, chaque élément possédant sa logique, son histoire, pour composer une surabondance en empilement. Inutile de supposer que l'intention sacrifiait à la mode d'une époque : il s'agit bien d'inflation, de défi, d'hommage culturel et de réclamation d'une identité face au temps.

Photo C.Imbert

encore un autre et ainsi de suite jusqu'à s'élever aussi loin que possible dans le but de s'échapper ailleurs, loin de son corps et de cette vie, à la grande consternation du lama.

Ce dernier a agi, il s'est élevé en un instant à la hauteur du sujet et l'a appelé de son nom en lui disant : « Si tu pars maintenant, comment reviendras-tu ? »

Le sujet a été ébranlé par ces paroles, mais n'a pas pour autant été convaincu. Le lama l'a alors emmené avec lui au sommet d'une falaise qui surplombait la mer.

Le paysage était grandiose avec une luminosité époustouflante. Le lama est resté un moment contemplatif avant de s'exprimer.

« Regarde cette mer immense, il y a des milliards de poissons qui y vivent, toutefois, du haut de la falaise, tu ne peux en voir aucun. De la même façon, du haut de cette vie que tu rejettes mais qui est ta voie, tu ne peux voir aucun des milliards d'êtres auxquels tu es subtilement lié depuis toujours. »

Là, le sujet est resté muet, totalement atteint et convaincu cette fois. Le lama s'est tu, puis a agité une clochette d'argent.

« C'est bien le jour, c'est bien l'heure, mais ce n'est pas l'année. »

Le son de cette clochette eut un effet fantastique, il a été le prélude au jeu de la musique des sphères. Elle a diffusé son hymne à la vie à pleine puissance, avec un rayonnement tel qu'il a nettoyé instantanément le mental encombré de notre sujet, il s'est retrouvé illuminé d'un merveilleux sentiment d'appartenance. L'essence du vivant le traversait de part en part, le régénérait, la consolation était absolue, la certitude d'être le faisait vibrer de plénitude.

Lorsqu'il a retrouvé la lourdeur de son corps, son premier regard s'est porté sur la lame de rasoir qui était toujours à sa place, le second regard fut circulaire et ne constatât aucune souillure de sang.

Un lama tibétain était en lévitation dans sa chambre et semblait en communication télépathique avec tout un tas de personnes, l'ambiance était tendue, pleine d'urgence.

Le souvenir de tout ce qui s'était passé était intact, la chambre était comme vibrante, il avait le sentiment d'étinceler de vie et il était à sa place, radieux, avec un moral au beau fixe. Il se sentait joyeux, centré, pressé de réaliser les mille choses super intéressantes qui faisaient pression en lui. En toute conscience il se savait connecté à un dessein qu'il respectait, logé dans le mouvement d'un cosmos ou il avait sa place et ou tout faisait sens.

L'aspect précieux de la vie ne lui échappait plus et l'incommensurable valeur de l'histoire de l'humanité et de son origine non plus. Il ne se sentait pas obligé d'aimer tout le monde, mais ne se sentait plus capable de rejeter aveuglément l'espèce humaine en masse.

Le magnifique souvenir de la musique des sphères était là pour régénérer et réenchanter sa vie chaque fois que nécessaire, elle lui rappelait qu'elle existait pour tout le monde et que tout le monde avait de la valeur.

3) Pourquoi parler d'EMI alors que ça pourrait être un rêve ?

La présence de personnages un peu baroques tels que le viking ou le lama peuvent militer pour la version du rêve éveillé. De plus, les situations au cours desquelles un sujet prends conscience qu'il rêve et évolue avec une certaine conscience au sein de ce rêve jusqu'à parfois l'orienter selon sa fantaisie ne sont pas rares. Sur ces seuls éléments, l'hypothèse du rêve peut être retenue, mais ils ne suffisent pas à affirmer qu'il ne s'agit que de ça.

En effet, tant que la conscience n'est pas totalement libérée des limites biologiques, ou si vous préférez, tant que le cœur bat et que l'être reste incarné, elle est entre deux mondes. Cela veut dire que la perception des choses est distordue. Tout sera plus clair si nous prenons un exemple.

Il avait bien compris les bonnes intentions du lama et de ses interlocuteurs mais il était décidé à pousser son avantage et à ne pas retourner vivre.

Nous regardons une rivière à l'eau très transparente ; l'air représente un monde d'une certaine densité et l'eau de la rivière en représente un autre, avec sa propre densité. Vous prenez un bâton, bien droit, du type manche à balai et vous en plongez une partie dans l'eau. Grâce aux deux transparences vous voyez votre bâton en entier mais….il ne semble plus droit, il semble brisé, c'est la distorsion dont nous parlions plus haut.

Lorsque le bâton n'est que dans l'air on le voit bien droit, lorsqu'il n'est que dans l'eau on le voit bien droit aussi, mais lorsqu'il est une partie dans l'un et une partie dans l'autre, nos yeux le perçoivent brisé.

Ainsi, nous pouvons comprendre que si les personnages d'une expérience psychique ont une connotation mythique c'est qu'il n'existe pas d'autre façon de les percevoir tant que la conscience est entre deux mondes dont un est fini et limité. Tant que nous sommes soumis à ces limites, l'illimité ne peut pas être perçu, il ne peut être que figuré et la nature de ces figurations dépendent totalement des représentations que chacun se construit individuellement à l'intérieur de lui-même.

Dans le sens de l'hypothèse du rêve, il y a aussi le fait que l'acte n'a pas eu lieu. Le sujet a pensé à son geste, il a voulu le faire, il a cru qu'il l'avait fait, mais il ne l'a pas fait, il n'y a pas eu de sang, il n'est pas mort, on pourrait donc dire voilà, son geste il l'a rêvé et finalement dans cette histoire, tout n'est que rêve !

Il est effectivement possible d'avoir ce raisonnement mais il faut aussi se souvenir que le sujet était très déterminé et n'avait aucune peur de l'acte. Il ne le vivait pas comme un échec, il n'avait pas de doute sur lui-même. Au contraire, si nous caricaturons un peu, nous pouvons dire qu'il se trouvait trop bien par rapport à une humanité vécue comme idiote et il était pressé de partir, chose que la sphère instinctive avait prise très au sérieux car si l'on en croit le récit, le corps, lui, gardien et réceptacle de l'être, avait très peur. Ceci est important car nous pouvons aussi considérer que tout à son intention et à ses problèmes existentiels, le sujet ne tenait plus compte de son corps, de la violence qu'il allait lui infliger, de la rupture irrémédiable qu'il allait opérer.

Nous pouvons dire qu'il a été totalement tourné vers l'idée, il s'est retrouvé à tel point hors de la réalité matérielle, qu'il y a eu un saut hors de son corps en lequel la pensée n'avait plus aucune attache. Axé sur ses idées fixes, il n'a pas su analyser les tremblements corporels autrement que comme les affres de la mort.

Donc, nous ne tenons pas là non plus un élément probant pour soutenir définitivement l'hypothèse du rêve.

A côté de cela, nous pouvons constater qu'il y a dans ce récit quelque chose de l'ordre du fait divers avec des déconvenues mais aussi de l'opportunisme, de la lutte d'influence et finalement une happy end.

« Si tu pars maintenant, comment reviendras-tu ? »

Le récit mentionne des personnages mythiques mais l'histoire en elle-même ne l'est pas, c'est juste de l'action, des échanges et un point de vue qui évolue au fil de ces échanges.

Le récit a la teneur d'une histoire réelle qui se tiendrait dans un monde inhabituel avec des enjeux ésotériques, et là, selon ces critères-là, nous rejoignons complètement l'univers des récits d'EMI.

Nous avons un enjeu de vie ou de mort, le passage hors du corps, la rencontre et l'échange, l'ami, le guide, la question de savoir si on part ou si on reste.... Toutes les caractéristiques de l'EMI sont réunies. Nous pouvons donc parler d'EMI atypique, mais d'EMI quand même.

Puisqu'on en est là, je voudrais ouvrir une petite parenthèse car je ne voudrais pas rater l'occasion de pouvoir préciser la différence qu'il y a entre le mythe et la représentation mythique. Selon le récit, le sujet s'est retrouvé en un lieu de rendez-vous fixé de longue date. Le mythe de la mort, comme tous les autres mythes contient un principe fixe, structurel, non négociable, non interprétable.

Quant à la représentation mythique, nous l'avons vu, elle est la manière selon laquelle les contenus illimités se présentent à la conscience de l'être de chair, elle est juste un moyen de communication qui permet aux contenus inconscients de se faire connaître alors qu'ils ne sont qu'à l'état de potentiel.

C'est ce que nous en faisons ou pas qui transformera ces potentiels en valeurs capables de s'agréger à un mythe fixe en rajoutant sur lui une strate, ou qui les laissera voguer dans l'inconscient, dans l'attente d'une prochaine chance d'être mieux utilisés.

4) Conclusions

Même si les tenants et les aboutissants d'une telle expérience ne sont pas très mystérieux pour les gens du métier, nous allons pour nos conclusions nous éloigner de la psychologie du sujet puisque son témoignage n'a été porté ici que pour illustrer un thème.

Il me semble que c'est l'honnêteté intellectuelle qui fait tout.

Je suis tout à fait d'accord pour accepter de considérer que les EMI, les expériences psychiques, les initiations mystique puissent être de l'ordre de l'illusion, de la projection, de la perturbation des neurones et j'en passe de plus fleuries... mais, je ne suis d'accord, qu'à l'expresse condition que ceux qui émettent ces hypothèses acceptent également de considérer que cela puisse aussi être autre chose que ça.

C'est un sujet majeur dont le manque de visibilité est hautement préjudiciable à l'équilibre de la société, il y a fondamentalement besoin de le faire émerger comme centre d'intérêt culturel. Sans lui, la maturation des êtres ne se fait pas et les sociétés modernes deviennent de plus en plus virtuelles.

Les vieux et la mort ont disparu de notre quotidien, on les cache. La seule notion de mort qui a droit de cité est celle qui fait le buzz dans l'actualité et qui fait vendre.

Le problème, lorsqu'on occulte la mort, c'est qu'on occulte les questionnements philosophiques et scientifiques qui vont de pair avec elle. Bien entendu, cette occultation ne déplait pas à tout le monde ; les religions, sectes et idéologies qui offrent des solutions clé en main à tous les égarés de l'existentiel prospèrent sur cet état de fait.

De la même façon, lorsqu'on laisse les différents groupes de réflexion discuter entre eux parce qu'ils ne font pas de mal, sans que l'on reconnaisse à sa juste hauteur l'intérêt du sujet pour l'évolution de l'homme, ça a l'effet d'une censure qui relativiserait et dévaloriserait les témoignages, les expériences et les méditations prospectives, et cela sonne comme la manœuvre d'un lobbying politique et marchand qui veut figer en état le « vieux » monde.

Il convient de tabler sur la loi des affinités qui fait que globalement les gens qui doivent se rencontrer se rencontrent, mais les temps sont peut-être mûrs pour qu'une voix unifiée communique avec efficience pour remettre des questions fondamentales au goût du jour en proposant des questionnements qui refondent la vision de l'homme et le sens qu'il donne au mot civilisation.

Gilbert Bonnefoy

Gilbert Bonnefoy exerce en tant que psychanalyste à Paris dans le Xe ardt. et à la maison de santé de Plouray dans le Morbihan.

Retrouvez le sur le site de l'association **ETRE et DEVENIR**
https://etreetdevenir.jimdo.com/la psychanalyse au service de la cité

Etre et devenir a pour président Bernard Priet, Professeur à la retraite Bernard.priet@gmail.com
Vice-président Fazia Tamaloust, ingénieur en activité - ftamaloust@hotmail.fr
Premier secrétaire, Gilbert Bonnefoy, psychanalyste en activité - trustee.land@free.fr
Deuxième secrétaire Flora Ringeval, réflexologue plantaire chinois en activité à Carhaix flora.ringeval@gmail.com

Principaux contributeurs:
Edith, professeure en activité - https://etreetdevenir.jimdo.com/contact/
Benoit Mouroux, fonctionnaire en activité - bmouroux@yahoo.com
Le Tuault Loïs, psychanalyste en activité à Carhaix - letuault.loys@gmail.com

PARCOURS SILENCIEUX D'UNE EMIste

L'exposé d'une réalisation, plus un témoignage direct de NDE/EMI

Christine Clemino - Praticienne Reiki traditionnel certifiée

Non, je n'ai jamais douté de ma santé mentale. Mes proches, les médecins oui !

C'est pourquoi le silence m'a été imposé (…), depuis l'enfance. Car j'ai subis la prison du silence une première fois vers 11 ans peut-être. Et la deuxième fois, après l'EMI à 15 ans (ci-joint).

L'âge, mon corps, n'ont plus eu d'importance le jour, où mon oncle, handicapé et son fils ont eu des attouchements sexuels, envers moi. Ce cousin découvrait sa libido et ses pulsions sexuelles. Alors que ma mère était en hôpital psychiatrique pour maniaco-dépression, mon père faisait de son mieux pour me protéger et m'emmenait passer les vacances dans cette famille. Il ne se doutait pas du tout de ce qu'il s'y passait. J'ai été spectatrice de scènes familiales malsaines, où flottait la méchanceté d'une grand-mère notamment, qui m'ont choquée à jamais. Ces faits, banals à leurs yeux, et le lourd silence qui s'en est suivi a ancré mon mal-être profondément, et a déterminé mon suicide. Cette brèche, en moi, m'a permit de me connecter à l'essentiel : ma nature profonde. Je n'ai pas eu de colère, ni de haine envers cette famille, qui m'apparaissait comme victime.

Je leur pardonne. Je ne me sens pas responsable de leur choix. Sans les souffrances qu'elle m'a infligé, je n'aurai pas su qui j'étais.

De ce point de vue d'enfant, j'ai su assez tôt, que l'humanité dans son ensemble sombrait dans la folie, l'alcool, le sexe, les mensonges et la violence. Cette hypothèse fut validée d'ailleurs par les tentatives de suicides de certains membres de ma famille ; puis à grande échelle, par la destruction de la santé publique, de l'atmosphère, de la faune et flore, de la planète.

Moi non plus, ce mode de vie et cette culture ne me convenaient plus.

A Noël 1993, mes parents m'ont offert un jeu de Tarot de Marseille et un livre de numérologie. Ces arts divinatoires et initiatiques ont été mon échappatoire, une porte d'entrée dans l'inconnu. Les prédictions étaient justes et vérifiées.

La possibilité de connaître l'avenir m'amenait à croire que j'aurai « le pouvoir » de faire cesser cette mascarade de vie. Connaître le futur, pour agir en amont, contrer les événements. Quelle surprise quand « j'ai lu » au travers d'un tirage, le décès de ma mère, des suites d'une dépression. Fâchée, j'ai rangé « ce jeu » définitivement. Il ne me restait plus qu'à changer cela, ou me préparer à l'inévitable. Les cartes m'invitaient à travailler sur moi-même !

La recherche du bonheur m'est apparue vaine et hors de portée, face aux difficultés familiales et globalement face aux maux de la société. Je n'ai pas dépassé cette crise à la mort de ma mère 2 ans après, suite à une erreur de dosage médicamenteux, pour calmer son état.

Après le balbutiement de l'annonce de son décès par le médecin, je suis allée la voir, comme pour vérifier son état, confirmer cette réalité. L'ambiance était calme, la pièce épurée, les draps propres, comme s'il s'agissait d'une scène parfaite.

Je touche timidement sa main, son cœur sans battements, et constate par moi-même que la chaleur de son corps diminue. Je soulève ses paupières pour vérifier et contempler ce vert magnifique, devenu vide d'expression. Mes larmes coulent en silence et ma pensée bascule vers l'incompréhension. A ce moment, je perçois distinctement sa présence réconfortante derrière moi, au-dessus de mon épaule gauche. Il ne s'agit pas d'un souvenir reconstitué, car cette sensation est unique et puissante de vérité. Je me retourne et la cherche du regard, alors que sa présence englobe la pièce de sa chaleur d'Amour. Les médecins surgissent et m'arrachent à cette perception délicieuse et voluptueuse. Je ne peux plus suivre cette sensation, ma pensée n'a pas le temps de se construire, je ne mentalise rien. Les médecins me raccompagnent, comme pour chasser le chagrin et ignorer ce corps sans vie. Je suis troublée, mes jambes tremblent, mais je ne suis pas accablée, car un sentiment plus vaste m'enveloppe et me rassure. Elle est encore là. Je ne pense pas que c'est surréaliste.

Ce jour-là, j'ai eu honte d'être soulagée. Elle est enfin délivrée de sa bipolarité, nous aussi, et elle demeure légère.

Je comprends qu'elle ne se soit pas battue, car ni les soignants, ni la société n'est formée à ces pathologies. Il est si simple de prescrire des shoot, nier la souffrance, plutôt que d'y trouver un remède naturel. Par éducation, convention et rationalisme, j'ai donc refoulé mes émotions, je me suis tue sur cette perception et conviction, pour survivre.

Fâchée, j'ai rangé « ce jeu» définitivement. Il ne me restait plus qu'à changer cela, ou me préparer à l'inévitable.

Figée dans le passé, à la recherche inconsciente du plaisir innocent, insouciant, et du Bien, enseignés dans mes cours de catéchisme. Je ne retrouvais plus le train-train de ma vie superficielle. Je n'ai pas pu, ni su m'aimer assez, pour aimer la vie. Ma souffrance et celle des autres, était devenue insupportable. Alors que l'expérience de l'éveil annihile l'égo, ses illusions, ses émotions et ses désirs dans le moment présent, la dépression gonfle et amplifie ce tout.

Personne n'a pressenti ma dépression, et j'ai feint le désir de vivre. Car le seul désir était en fait, bien sûr celui d'en finir avec cette souffrance. Cherchant le bonheur à travers l'extérieur, ne le sachant pas en moi, mon mental à son tour, s'est cristallisé dans ma prison intérieure, qui était mon corps, ma mémoire.

Ma mère et l'enseignement catholique décrivant le paradis comme un lieu d'Amour à qui le mériterait, je savais que j'irai là, puisque j'étais sage. Puis, à quinze ans, quand je questionne mon père sur ce qu'il se passe pour nous, après la mort, il me répond avec grande conviction : « absolument rien. Tout est fini. » Donc, ma conclusion fut rapide dans mon mental restreint d'adolescente. Soit j'irai au Paradis rejoindre ma mère, soit il n'y aurait rien !

Je prends la décision.

Je décide de ne plus vivre cette vie de souffrances, convaincue que tout s'arrêterait.

Etrangement, je n'avais pas peur de passer à l'acte. J'étais curieuse et impatiente de connaître ce qu'il y aurait une fois morte.

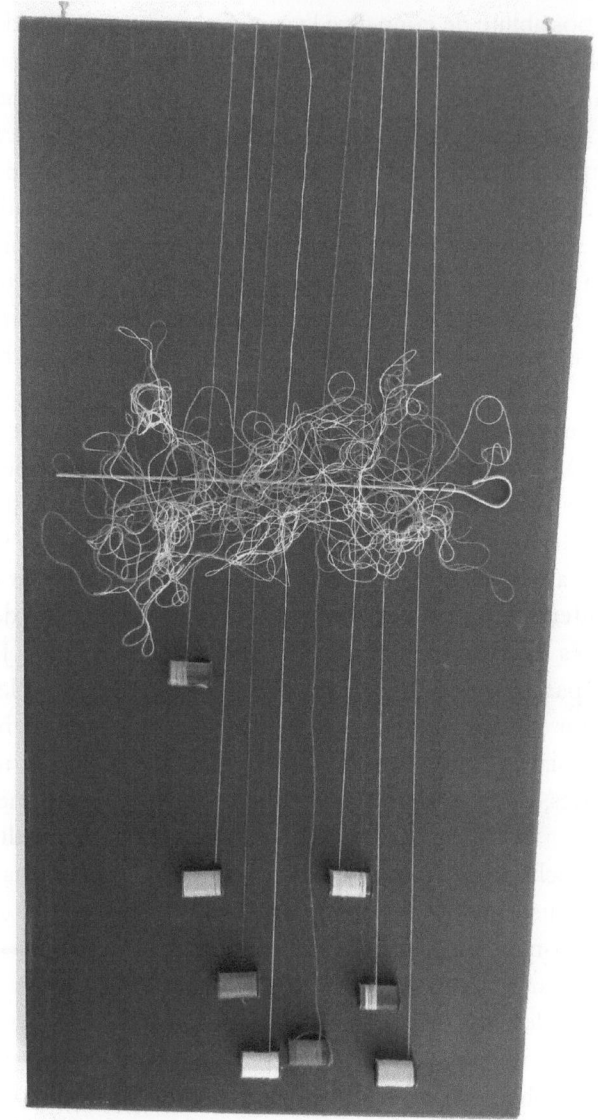

....

··Extrait d'un futur livre, La vie ne tient qu'à un fil, acrylique sur toile, bobine de fils en coton, tige en fer, colle, 2016.

Cet article est inévitablement rédigé de manière subjective, donc égotique, et pourtant c'est la conception que j'ai aujourd'hui de mon expérience, aidée en cela des précieuses notions théoriques, tirées de l'enseignement de Christian MORTIER. Formée au Bouddhisme, avec des enseignements traditionnels, appelés Dharmas (enseignement du Bouddha), ou Abhidharmas, (étude des phénomènes conditionnés), je suis formée à la Reikiologie* à la FFRT (Fédération Française de Reiki Traditionnel). L'utilisation de termes labélisés* (*marque commerciale déposée par C.Mortier) a demandé son adhésion avant toute publication.

La réalisation de cette toile, intitulée « La vie ne tient qu'à un fil » faite en 2016, sert de support pour vous livrer mon expérience de NDE.

Afin de vous éclairer, je souligne le fait qu'un nombre restreint de personnes a connaissance de cette histoire, afin que nul n'ait l'idée de se l'approprier ou de l'interpréter. Naturellement, cette histoire personnelle n'a pas de rapport avec la religion, ni avec des croyances dogmatiques, mais repose sur un fonctionnement naturel et commun de l'esprit humain, qui intéresse la science la plus actuelle. C'est-à-dire que l'expérience de NDE concerne chaque individu, indifféremment de son sexe, son âge, sa culture, ses croyances et sa conception de vie. Si j'avais su ou lu cela après l'expérience, le traumatisme n'aurait pas été aussi important. Peu de personnes connaissent ce qui m'est arrivé, car l'expérience reste taboue et malheureusement souvent interprétée comme mystique ou paranormal. Mais il n'y a rien de « paranormal » dans le fonctionnement naturel de l'esprit humain. Je n'ai pas l'intention de provoquer les esprits rationnels, mais d'expliquer, de manière simple, une expérience transcendante, en m'aidant de connaissances reconnues dans plusieurs traditions. Toute personne a la possibilité d'aller chercher en elle-même ses « potentiels naturels solutionnants »*, face à sa vie, ceci afin de lui donner un sens.

Mais il n'y a rien de « paranormal » dans le fonctionnement naturel de l'esprit humain.

C'est ce que j'ai fait en réalisant l'œuvre « La vie ne tient qu'à un fil » : j'ai mis du sens sur cette expérience troublante, et vous le livre grâce aux enseignements que j'ai reçus. Pour ce faire, j'utiliserai du vocabulaire parfois connu des personnes averties (car renseignées sur le sujet) ou parfois des néologismes, car moi-même je n'avais pas mis de mot, ni de vocabulaire dessus, que ce soit au moment de l'expérience ou au moment où j'ai réalisé ce tableau. Mais il est parfois nécessaire de mettre des mots sur l'expérience de l'esprit /corps /énergie, afin de la rendre accessible au plus grand nombre, avertis ou pas. Ce que raconte cette toile, abstraite pour certains, expressive pour d'autres, ou inintéressante pour quelques autres, est en fait une petite partie, un intervalle de mon expérience spirituelle. Aujourd'hui, avec l'aide de l'enseignement bouddhiste, je peux dire que pour moi cette toile correspond à ce que cette tradition appelle un « Bardo ». Réalisée spontanément après le décès d'un proche, les conditions étaient propices, et ont contrebalancé le poids du deuil. Les matériaux utilisés, bien qu'hétéroclites, sont en accord avec le sens profond de cet intervalle de NDE. A ce moment-là de la réalisation, j'ai eu la réelle impression d'avoir une compréhension supérieure de la réalité de mon expérience sensible. J'ai l'impression que mon énergie a été transcendée dans la NDE, puis en moindre mesure, au moment de la réalisation de la toile. Il suffit en fait que je me souvien-ne de ma NDE, sans grand effort, pour que l'expérience « résonne » en moi et fasse vibrer cette énergie nouvelle. Ayant conscience de cela depuis ma formation, alors autant libérer cette énergie nouvelle, pour vous la partager, car elle m'a transformée. Une ouverture spirituelle s'est faite en moi. Je dis souvent que la NDE est métaphore de l'esprit. Les éléments de la toile le sont aussi, et expriment le divin en soi. Pour moi, cette partie sacrée et révélée donne un sens plus profond à la connaissance de soi, et donc de La Vie.

...il me répond avec grande conviction :
« absolument rien. Tout est fini. »

Il est temps maintenant de vous donner l'explication personnelle de cet intervalle vécu et de le mettre en rapport constant avec le fonctionnement naturel de l'esprit humain, d'après les enseignements que j'ai reçus dans le bouddhisme. Bien que cela puisse paraître abstrait au premier abord, ne vous fiez pas aux apparences « métaphoriques » ! Il y a de quoi devenir fou.

Après l'intervalle du changement du niveau de conscience, (intervalle que j'ai tenté de retranscrire dans une autre toile), puis celui de la décorporation et de la mise à distance de toute matérialité par le passage du tunnel, me voilà à présent dans le noir. Imaginez un noir profond sans paroi, ni fin, un noir obscur, mais pas ténébreux ni horrifique : un noir presque brillant. Simple et complexe à la fois, « c'est une salle d'attente ». « Je ne suis pas morte, je pense, donc je suis », me dis-je, (avant d'avoir lu Descartes). Je suis là, sans corps apparent, sans matière, ni repère, et pourtant mon esprit continue de fonctionner. Je m'habitue vite à ce nouvel état, « Je » est esprit. Vivant pour la première fois cette situation inédite, j'ai appris plus tard, lors de mes enseignements à la FFRT, que le mot « reiki » se traduisait littéralement par « énergie de l'esprit » ou par l'usage du terme « force de l'esprit ». « Rei » étant l'esprit, et « ki », l'énergie. Aujourd'hui, je pense donc qu'à ce moment j'étais en attente de me connaître moi-même, de connaître le propre de mon esprit, son fonctionnement, son énergie fluctuante et impermanente et, de Tout comprendre à grande échelle.

Cette obscurité, que je vis à ce moment, est à découvrir, et ce calme inhabituel me le permet. Mais, mon ego, qui lui aussi est « je », « moi », se questionne rapidement. Mon esprit s'agite et panique. Je ne suis pas encore si éloignée de moi-même, et je saisis que je raisonne sans corps, ni tête. Bien sûr que je le fais, et encore mieux. Je me détache de mon identité, je suis bien plus que cette fille, Christine, 15 ans, française, de la famille machin ! L'égo se dissout vite et bien, grâce à la force de l'esprit, et je prends connaissance à grande vitesse de ma vraie nature, transcendant les apparences. « L'esprit n'est jamais né, et ne mourra jamais », apprendrai-je empiriquement, puis précisément dans les enseignements. Seule la matière, le corps physique sont impermanents. L'esprit est vacuité, et non néant comme je le croyais avant l'expérience. Dans cette vacuité, la Sagesse est accessible naturellement. Je ne veux pas céder à la peur, qui a tenté de me dissoudre et de m'anéantir lors d'un autre bardo terrifiant et traumatisant, (ci-joint l'extrait du récit.) Je reste dans l'ouverture d'esprit, je me bats contre moi même, avec la force de l'esprit, afin d'accéder au-delà de moi-même, à la connaissance suprême.

« Je ne suis pas morte, je pense, donc je suis »,
me dis-je, (avant d'avoir lu Descartes).

Les phénomènes naissent, se manifestent et disparaissent, car ils sont fabriqués par la conscience. C'est ce qu'on appelle, m'expliquera Jean-Pierre Jourdan, Président de IANDS France, la « phénoménologie de l'esprit » ou l'étude de « l'Abhidharma ». L'esprit est un processus cognitif en perpétuel changement, mon expérience l'illustre bien. Je parviens péniblement à rétablir le calme intérieur, de façon intime et infinie. Cette sérénité, ce calme paisible, me permet d'identifier les produits, les manifestations de ma conscience. J'observe mes inquiétudes, mes souffrances, mes difficultés, toutes mes émotions perturbatrices et contradictoires, qui me nuisent, me détruisent, me souillent.

Ces contemplations sont précieuses, et le calme intérieur me stabilise enfin. Cette vacuité de l'esprit, l'enseignement à la méditation de la FFRT la nomme : « essence de l'esprit », ou encore « expression naturelle vibratoire de l'esprit ». Je comprends ainsi que l'expérience de l'esprit, ou « l'esprit-expérience » est à l'origine de tout : il est par essence permanent, non duel, sans souffrance ; et je vis vraiment cela quelques instants. Cette connaissance est ancrée à jamais et me permet aujourd'hui de calmer mon esprit lorsqu'il s'agite. J'ai l'impression que les méditants recherchent cet état : ils cherchent à le faire perdurer dans le temps.

Les fils colorés, multicolores surgissent hors de la toile, comme ces émotions perturbatrices qui exultent hors de moi-même, puisqu'elles ne m'appartiennent pas en Réalité. Ce méli-mélo de fils est une construction mentale égotique donc erronée. Les émotions les plus ancrées, les plus lourdes sont difficiles à dissoudre, comme le montrent les bobines pesantes. Les fils se tendent et les tensions de l'esprit sont à leur apogée. Les résistances sont importantes. Le mal-être semble profond ; mais à ce moment-là de l'expérience, je me sens pleine d'énergie pour casser les fils et transformer ce mal-être en mieux-être, de manière durable et peut-être même permanente.

Je fais le lien avec ma vie incarnée de manière évidente. Je peux me dénouer, me libérer des nœuds égotiques, démêler les tensions que je me suis auto-construis. Ces fabrications mentales sont le propre des Hommes, et j'en prends connaissance, conscience, dans cette expérience. Pourtant, le fil directeur le plus rigide, le plus froid, va être difficile à briser, puisqu'il est en fer. Son reflet, sa grande brillance me provoque, se moque de moi et me nargue. Le gros du travail est là ! La boucle en fer de gauche nous fait comprendre que ce cycle des existences ou réincarnation, est sans fin, et qu'il reviendra inlassablement, à moins que j'accepte les remises en question.

OK, j'accepte d'apprendre, je veux évoluer dans l' insubstanciel d'abord, et sortir de l'obscurité pour me délier. Cette « déliaison » est accessible à chacun au prix d'efforts, qui ne sont pas au-dessus de nos forces.

Quel remède, me demanderez-vous ? Rester droit, comme la tige. Bouddhiste et méditant, le fondateur du Reiki Mikao Usui s'appuie sur l'enseignement du Bouddha, l'Octuple Sentier. Voilà ce qu'il préconise pour la guérison spirituelle : la compréhension juste, la pensée juste, la parole juste, l'action juste, les moyens d'existence justes, les efforts justes, l'attention juste, la concentration juste. Il s'agit d'équilibrer l'énergie /corps /esprit au quotidien, par l'alliance de la relaxation et de la méditation, afin d'expérimenter l'amour inconditionnel, la compassion, la sagesse, tous vécus dans l'expérience de la NDE.

« L'esprit n'est jamais né, et ne mourra jamais », apprendrai-je empiriquement, puis précisément...

La Reikiologie* me semble aujourd'hui en être la clé. Pour moi, cette possibilité guérit le mal de vivre, et donne un sens profond aux actes de ma vie quotidienne. Rien n'est banal, chaque pensée ou acte a un impact sur le corps /énergie /esprit. Ne pas céder à la saisie dualiste des pensées, des émotions, est pour moi le remède à la souffrance psychophysique. Le comprendre dans le vécu de cet intervalle de NDE est un raccourci spirituel immense, mais la même expérience peut être vécue au quotidien, par chacun d'entre nous, avec la méditation et la pratique du reiki.

La peinture acrylique brille, et laisse deviner qu'à ce stade de ma NDE, je vais devenir cristalline et lumineuse. D'autres bardos m'ont marqués à jamais, évoluer dans La Lumière, comme dans différentes strates, est indicible.

Quand je reviendrai à moi (si je peux m'exprimer ainsi, car je n'ai jamais été si consciente, unie, qu'à cet instant), lentement et difficilement je reprendrai contact avec mon corps de matière. Le fait de ne pas pouvoir m'exprimer librement sur ce vécu, m'empêchera, vingt ans durant, d'intégrer l'expérience spirituelle, et de la vivre au quotidien du mieux possible. Je reconnais le travail intérieur que je dois réaliser pour parvenir à nouveau à développer cette partie parfaite de mon esprit. Pour mieux être, chacun est responsable d'annihiler l'ego, de lâcher prise face aux concepts, qui proviennent certainement de la dualité de l'esprit. Chacun doit être patient, car le cheminement évolue sans cesse, chacun doit reconnaître cette même souffrance chez les autres. Ne pas relâcher ses efforts, rester centré sur cet objectif : se rendre heureux soi-même. Puis les autres. Pour moi, avoir la connaissance que les phénomènes créés par l'esprit sont vides d'existence propre, tout comme l'égo (qui est un agrégat de nos consciences subtiles), cela change la vision de soi, de la vie. Dans l'éclaircissement de l'obscurité, la dualité disparaît avec les émotions, les actes négatifs, la souffrance.

Les fils se dénouent.

KRISS

Extrait de mon expérience, livrée à IANDS-France le 29/02/2016

Je perds la raison, peu de temps avant de rentrer en cours de mathémathiques au lycée, le 09 octobre 1995. Je suis dans un état d'esprit particulier où rien n'est plus important que de le faire pendant que j'ai le courage. Je m'éclipse discrètement, je tremble un peu. Je me dis que je suis

Nicole le Blond et Charles Imbert ont connu Christine à IANDS-France avant qu'elle débute sa formation en Reikiologie. C'est une personne lumineuse et nous lui sommes très reconnaissant d'avoir bien voulu nous confier ses commentaires et son témoignage.

Photo de son profil dans l'annuaire des thérapeutes.

prête à mourir. Que la vie sera sans problème après. La société me met une pression insupportable. Les Hommes sont cruels et ça ne cessera jamais.

Le bâtiment d'en face me paraît suffisamment haut pour y parvenir. Je monte lentement les étages. J'ai hâte de la voir. J'enlève mon sac à dos, le dépose à terre. J'enjambe le rebord où je sens le béton froid et arrondi sous mes doigts. M'asseois à peine et, je bascule en fermant les yeux.

L'air se déplace sur mon visage et légèrement dans mes cheveux. Je suis sereine. J'espère et j'attends. Rien. Je me décorpore.

J'aperçois des personnes de dos, tournées vers un corps au sol. Je ne me reconnais pas de suite. Il n'y a pas de bruit. Je suis en retrait de ce qui se passe. Juste témoin dans l'ombre. Plus rien. Des gens en blanc s'éloignent sur le chemin goudronné. Un camion blanc d'ambulance est stationné près d'un gros buisson. Je vois mon père qui discute avec les secours, il n'a pas le droit de monter à mes côtés. Plus rien.

Une femme court à mes côtés, à l'hôpital. Je distingue sa chevelure volumineuse rousse, sa tenue blanche, à ma droite. Je suis allongée sur un brancard, car les lumières du plafond m'éblouissent. Je n'entends rien mais je lui transmets par la pensée :"aidez moi".J'ai peur. Elle me regarde et je ressens qu'elle fait tout son possible. Selon elle, je dois tenir bon. Je sens la panique autour de moi. Plus rien.

L'air se déplace sur mon visage et légèrement dans mes cheveux. Je suis sereine. J'espère et j'attends. Rien. Je me décorpore.

Je suis au début d'un tunnel. Ça avance et je glisse dedans. Ça m'aspire, ça m'entoure et, m'enveloppe. C'est clos et en même temps sans paroi. Il n'y a pas de retour ni de marche arrière possible. De toute manière je n'y songe pas, je n'ai pas de temps. Puis je tombe dedans. Ça va vite et je me demande si c'est ça la mort. Je me dis que oui. J'ai réussi. Je vais y aller. J'ai hâte. Je me presse alors. Mais ça va vite. Trop vite. Une vitesse vertigineuse. Je me dis que c'est long mais que je vais faire un long voyage pour arriver à mon but.

Courage à moi, je dois être patiente. Dans un virage, j'aperçois une silhouette grise qui attend d'évoluer à son tour. Mais la sensation devient inquiétante et de plus en plus désagréable. J'ai la trouille et je veux que ça s'arrête maintenant. Ça dure encore et je me demande si je vais vers l'enfer. Je suis terrifiée et je regrette mon acte maintenant.

Stop. Je flotte. Dans un coin à gauche ni vers le bas ni vers le haut. C'est calme et je me sens calme. Je sais que je suis comme dans une salle d'attente. J'attends peu de temps. Mon point de vue change sans le vouloir. Il y a quelque chose de plus intéressant en haut dans ce noir brillant. Une poussière lumineuse d'abord grandit. Descend du haut tout à droite. L'espace s'éclaircit. La lumière ronde se dilate, s'élargit doucement puis plus vite. Cette lumière d'Amour infini, intarissable est présente en face de moi puis partout. Et je suis dans le blanc brillant de plus en plus étincelant. C'est beau, vivant, doux et puissant. C'est arrivé tranquillement je n'ai pas eu peur du tout. Je suis émerveillée, rassurée, en paix, et très bien.

Ça devient présence. Omniscience. Ça s'adresse à moi sans voix, de pensée à pensée. Ça lit mes pensées sans que je parle. Le moindre sentiment ou ressenti est perçu, compris sans jugement. Cet être de lumière a compris mon attente. Me donne un amour infini et multidimentionnel. Me permet de voir la beauté de la vie, un jardin merveilleux, de couleurs magnifiques insubstancielles et fluorescentes. Le zoom dans le brin d'herbe vert splendide, me donne la connaissance des interactions nécessaires pour La Vie. Le brin isolé, c'est moi ! L'immensité de l'univers en moins d'une seconde. Je saisis des arguments pour vivre heureuse mais je ne veux pas. Il me montre mon avenir possible, meilleur avec des souffrances et des embûches, certes, mais la vie en vaut la peine, tente-t-il de me persuader. Il me montre des scènes de mon futur, et son sens. Je ne veux pas. Je veux de tout mon coeur être avec ma mère. L'aimer puisque je l'ai mal aimée avant.

...un jardin merveilleux, de couleurs magnifiques insubstancielles et fluorescentes. Le zoom dans le brin d'herbe vert splendide, me donne la connaissance des interactions nécessaires pour La Vie. Le brin isolé, c'est moi ! L'immensité de l'univers en moins d'une seconde.

Je veux ressentir son amour et lui donner. Il m'accorde le droit d'un contact. Elle est là, en présence énergétique, je la reconnais. Je suis heureuse et apaisée. Elle me donne Amour guérissant et redynamisant. Sa main se tend et me stoppe là où je suis. Je n'irai pas avec elle ni au-delà de cet espace où je me situe. Je perçois plusieurs présences lumineuses derrière elle et en même temps derrière La Lumière. C'est puissant. Il y a une foule là-haut qui s'affère à aider les autres esprits. Tout le monde va bien. Je ne dois pas m' inquiéter. J'en ai vu assez selon eux. Ma mémoire sera effacée pour supporter. Pause. Ma mère n'est plus là, dissoute dans cette Lumière. Je suis triste. J'ai échoué. Je glisse alors vers le bas, dans une ambiance très négative. Cette profondeur noire abyssale me terrifie, car des corps gluants de sang en extrême souffrance veulent m'attraper pour me rendre comme eux. Je dois lutter pour ne pas être détruite et fondue en eux.

Après cette lutte incommensurable et douloureuse, je remonte vers La Lumière d'Amour et de paix. Victoire face à moi-même, face à mes souffrances inavouées. Je comprends et accepte d'en apprendre encore.

Je suis à droite maintenant vers le bas-centre, il y a le film en noir et blanc ultra rapide de ma vie. De moi in utéro j'ai l'impression. Même avant. L'idée même de ma conception. Je vois mes parents et vis leur amour. Je suis désirée et cela me fait du bien. Je suis énergie dynamique dans un espace infini, avec une volonté. Moi et mes soucis d'enfant. C'est triste et parfois joyeux. Il y a des personnes dans ce film que je connais. Ça va trop vite mais ça me concerne. Il y a une charge émotionnelle dans ce film qui me touche car c'est mon enfance. Il y a des personnes de mon entourage proche qui ont vécu de belles choses et tristes évènements. Je Suis ces personnes et leur perception, en même temps que la scène globale. On me montre ce film. Je me fais un avis neutre. C'est ce qui s'est passé dans ma vie. On m'a fait un bilan. Je ne suis pas seule, il y a une présence lumineuse bienveillante qui me supervise.

Puis dans l'instant, mon point de vue s'est tourné vers un espace sombre en haut.

Dans une bulle grise très sombre, triste et sans issue, des personnages vêtus d'une robe grise, sans pieds ni bras, au visage baissé, perdus, errants sans but, s'entrechoquant lentement et recommençant à l'infini. C'était très triste. Je ne sais pas qui ils étaient, ni si c'était mon destin, si je n'allais pas vers la Vie d'en bas. Ils ne se remettent pas en question, ce sont peut-être les suicidés. Je ne sais pas si l'Etre de lumière a décidé pour moi ou si j'ai accepté ces arguments… Mais je ne voulait pas leur ressembler.

Je n'ai pas raté l'éveil. Je reviens dans la blancheur éclatante de connaissance, brillante de diamant qui me transcende en entier, en profondeur.

Puis je suis dans ma chambre, décorporée, où je traverse le mur pour visiter le couloir.

Personne. Je reviens et incorpore mon père et sa vie vaillante. Je suis comme un zoom rapide les électrodes et les fils reliés à une machine, des chiffres colorés et des graphiques. Une ardoise au bout de mon lit, avec des annotations au crayon de papier. J'admire un corps d'une blancheur pure. Il est cassé. C'est moi et je comprends que je dois rentrer dedans. La présence lumineuse n'est plus là, et je glisse lentement à l'intérieur sur mon côté droit. Je ressens une douleur abominable de toutes parts. Les machines sonnent. Je sors du coma artificiel de 5 jours.

Paralysée, je retrouverai miraculeusement l'usage de mes jambes 3 mois plus tard…

Christine Clemino

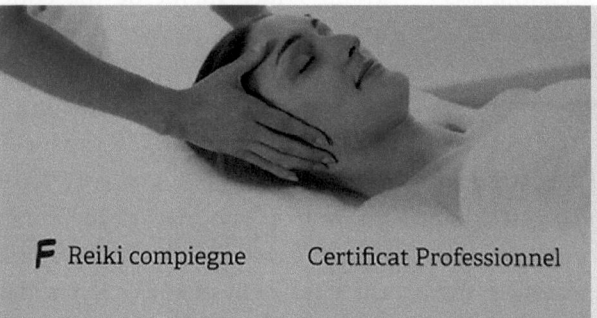

Christine Clemino figure sur l'annuaire professionnel de la Fédération Française de Reiki Traditionnel

Son Cabinet se situe dans l'Oise à Compiègne.
Retrouvez-la sur https://www.reikicompiegne.com/

COMMENT TAIRE ?

Pourquoi cet étrange silence, ou ce deuil sans raison d'être ?
Michel Barster - Auteur de Science-Fiction

Le Que-sais-je intitulé "l'Au-delà", paru en 1998, débute, dès ses premières lignes, sur le constat que notre culture, moderne et occidentale, est la seule dans l'Histoire de l'Humanité à ne pas accepter l'existence de l'Au-delà.

Au lieu d'en déduire que cette étrangeté pourrait condamner la prise de pouvoir intellectuel des athées dans nos sociétés contemporaines, l'auteur, Jean Vernette, reste prudemment dans l'interprétation de ce constat. Après tout, toutes les cultures humaines acceptent l'idée d'un monde invisible peuplé d'entités, esprits, dieux, génies (voir la typologie de Papus reproduite dans le n°1 de Un Temps), mais notre culture aussi les réfute. Elle est la seule ? Mais elle est aussi la seule, n'est ce pas, à avoir percé les secrets de l'atome, ou calculé la vitesse de la lumière… Avec un argument aussi formidable, il n'y a plus qu'à tirer sur sa pipe, souffler un jet de fumée sur le côté, et tourner la page.

Vous n'avez pas tourné la page, convaincus que cet article va vous intéresser, et ce n'est certes pas par manque d'une pipe ou d'un quelconque biais pour produire de la fumée à partir du tabac, cette plante maîtresse, ou une vapeur aromatique depuis un petit narghilé grilleur de parfum. Vous avez pressenti que si Toutes les cultures humaines s'accordent sur un point, comme de dire que le ciel est bleu, c'est peut-être pour d'intéressantes raisons.

Il serait intéressant de comparer ces raisons. Cette comparaison déboucherait, non pas sur une "chronique des erreurs humaines" mais sur d'intéressantes corroborations assez inexplicables par la communication du voisinage. Certes, nous avons vu, dans notre n°1, un motif – le dragon – voyager depuis le paléolithique sur à peu près tous les continents. On pourrait donc aller poser que le fond séduisant des concepts relatifs aux mondes invisibles ait été lui même partagé, ou que d'intéressantes dispositions évidentes à partir de ces bases aient pu réapparaître en donnant des "illusions de corroboration". Ceci à partir des nucléus des mythes (les fameux mythèmes), ou de dispositions psychologiques communes aux erreurs de l'esprit humain. Hélas, tout le monde sait qu'une théorie qui se greffe sur une autre théorie ébrèche non seulement le rasoir d'Ockham, mais compose quelque chose de si branlant que seuls des ricanements sont attendus.

Il faudrait là supposer des pyramides d'illusions se confortant comme par hasard ?...

La problématique de la recherche sur la mort est en fait assez complexe et rencontre quelques obstacles, semble t-il, qui méritent d'être évoqués :

1. En premier lieu, une évidence voudrait qu'on n'aille jamais étudier quelque chose dont on est partie prenante. Ce fait premier est souvent invoqué comme pétition de principe dans les milieux universitaires (et fut évoqué encore lors du Colloque "Louis Vincent Thomas" [1] à Caen en 2014). Ce fait s'ajoute au – ou complètera le – fameux « problème de l'occultation de la mort dans la société moderne », phénomène qui fut dénoncé avec succès, avant qu'une lourde chape de béton silencieux retombe, et sur la mort, et sur la dénonciation de sa disparition.

2. En second lieu, étudier la mort ouvre la porte à la dépression, phénomène connu mais rarement reconnu par les chercheurs et acteurs – y compris des EMI/NDE – du champ d'étude de la mort. Cette dépression se signale d'abord par des freins, des humeurs, des ressentis, et en général le corps rechigne à retourner à l'étude de à quoi l'esprit veut le confronter (le corps sait, lui, qu'il va disparaître) en envoyant des signaux, tant de tristesse que de répulsion, et du manque d'appétit à la tâche (un problème similaire peut surgir, pour un romancier, bloqué lorsqu'il introduit un personnage trop négatif dans le récit qu'il traite : la négativité répand son ombre et invite à ne pas être traitée). La dépression étant classée comme maladie (elle est aussi un trouble de la gestion de l'énergie), des chercheurs – parfois médecins eux-mêmes – peuvent avoir des réticences à l'admettre. Cependant, il suffit de quelques années dans ce domaine pour constater des épuisements, des affections, des atteintes, qui touchent sans doute davantage les chercheurs sur la mort que dans d'autres disciplines. Je hasarde cette proposition sur la base d'informations personnelles, et laisse libre tout chercheur (il faudra de toute façon un jour faire l'histoire de la recherche, en France et dans le monde, sur les EMI et les thanathologies) de ramasser cette idée pour la confirmer ou l'infirmer.

3. En troisième lieu, le travail entrepris est rarement acclamé ou couronné d'un grand succès d'estime. Les best-sellers y sont rares, en dehors de celui de Raymond Moody (*La vie après la vie*, traduction littérale de *Life after life*, qui utilise deux fois le mot vie, évitant le mot mort et jouant sur les mots puisque, en fait, on ne vit après la vie que par la réincarnation – ou la résurrection !) en 1974, exception notable (et peut-être orchestrée, car il faudra se poser un jour la question).

---

une évidence voudrait qu'on n'aille jamais étudier quelque chose dont on est partie prenante

---

En fait, la très grande majorité des livres traitant de la mort, qui n'est pas vendeuse, il est vrai, n'ont que des succès d'estime et de petits tirages. Il faut que ces livres promettent la survivance, ou de nouvelles découvertes confortantes et rassurantes ("scientifiques", surtout, même si la science évoque ici le pâté d'alouette) pour qu'ils atteignent des ventes moyennes (et de nos jours de plus en plus tendues dans le temps).

Buste de Camille Flammarion (1842-1925) Gravure de E.Legay d'après un buste par Guerlain, document en licence libre posté sur Internet par Fran6fran6.

Prenons un exemple : qui sait ou se souvient encore que Camille Flammarion[2] publia des livres sur la mort ? (*Avant la mort* en 1920, *Autour de la mort* en 1921 et *Après la mort* en 1922). On s'en souvient, mais à peine, parce que les éditions J'ai Lu (collection l'Aventure Mystérieuse, N° A310 et A311) firent paraître des versions très condensées (contenu divisé de moitié !) de ces ouvrages, aujourd'hui critiqués et rejetés *en bloc* par des spécialistes pour cause d'un ou deux cas problématiques (! – élusivité, te voici encore).

A ce niveau, ce n'est plus du doute sérieux, ou de la critique sereine, mais la poursuite idéologique d'aller débusquer où pourrait se nicher quelque chose qu'on pourrait attaquer, ce qui légitimerait qu'il y ait doute et critique. La recherche moderne est encombrée de ce genre de procédés très négatifs, qui de plus prétendent rechercher et amalgamer des raisons de ne pas étudier les faits.

Le plus simple serait de ne pas refuser l'évidence : il y a un au-delà, et un séjour des morts, parce qu'en plus, depuis des centaines de milliers d'années, les morts parlent, se montrent, et parfois arrivent à communiquer avec nous. Certes, là aussi, il est de bon ton, chez les *Spécialistes*, d'essayer de douter que ce soit bien le défunt qui s'exprime : a) ce pourrait être une entité (ou un phénomène, au pire émanant de celui qui prétend l'observer !) qui prendrait l'apparence, le ton et les informations du défunt; et b) le message, la manifestation, la preuve, tout ceci pourrait être dû à d'autres phénomènes paranormaux : télépathie avec quelqu'un d'autre que le défunt, pouvant donner par illusion les informations attribuées à ce dernier, ou bien encore par pur phénomène de voyance permettant d'accéder aux dites informations. Hélas, ces doutes et suppositions ne méritent qu'un seul nom : paranoïa.

On suppose là une construction alambiquée de tromperies, en invoquant des niveaux de voyance soudains et phénoménaux, ou à de la télépathie extrêmement précise. Vraiment, ces cas de haute voyance fulgurante intervenant chez des non-spécialistes, ou de télépathie à taux record tout aussi exceptionnelle, seraient à verser dans les cas limites des dossiers de ces phénomènes étudiés par ailleurs pour ce qu'ils sont..

Parce que, aussi, comprenez-vous, si ce n'est pas le défunt qui parle, voici expliquées toutes les étrangetés et anicroches (on est prié de croire que c'est l'explication de l'explication…).

Certes, il existe des esprits taquins, certes il existe de l'élusivité, certes il existe le Trickster, certes il existe un Numen (pouvoir) du Roi des Morts, mais l'intervention de ces possibles entraves et perturbations se résout en un seul phénomène : la puissance qui gouverne les Enfers (dont une seule partie est, en général, désignée comme le séjour des bienheureux), confondus là avec le monde invisible. Quelle serait cette puissance ?

Les morts sont soumis à certaines lois qui les font encore participer de la densité (notre monde phénoménal) par ce que l'on nomme leur corps de subsistance, qui est en fait l'ensemble de leurs corps subtils moins le corps physique (duquel ils se sont dissociés). En particulier, le défunt continue de percevoir – on le saurait par divers témoignages et traditions –, et donc d'être affecté par le plaisir ou la douleur, ce qui correspond au corps éthérique, par des émotions plaisantes ou odieuses, ce qui correspond au corps astral, par des idées béatifiques ou horribles, ce qui correspond au corps mental.

En suivant l'idée que, peu à peu, par manque d'apport d'énergie externe, ces corps vont eux aussi se corrompre, se déliter, ce qui obligera à la fin le défunt à se réincarner – habiter un nouveau corps humain –, on pourrait concevoir que dans l'autre monde, certaines vicissitudes sont plus ou moins consommatrices d'énergies, et qu'un réprouvé, attaqué par les démons (auxquels il avait ouvert la porte, ou qui lui sont envoyés par ses anciennes victimes) serait plus vite, plus rapidement privé de ses énergies…

Mais le vite et le rapide n'existent pas dans la dimension du Nouménal, et la question de la durée des peines ou des félicités doit être considérée sous un autre angle. En fait, le réprouvé ou le bienheureux sont plus ou moins proches, selon leur degré de mérite, des pôles que sont le sauveur, d'une part, et le dévoreur (dissolveur), de l'autre. Il ne s'agit donc pas tant de "temps" à passer que d'être dans le pouvoir acide et corrosif des forces de dissolution, d'une part, ou d'être en confiance avec le conservateur et le sauveur des intégrités.

Si le monde des morts se définit comme le lieu des compensations d'énergie, puis de la corruption de celles-ci (n'oublions pas qu'à Eleusis, la corruption était une des grandes explications de la vie en germe, née dans le gain devenu mou, en gelée, impropre à la consommation humaine), il est tout entier, pour de nombreuses cultures, gouverné par une figure terrible et impitoyable, dont les Chrétiens ont fait le fameux "diable".

…l'intervention de ces possibles entraves et perturbations se résout en un seul phénomène : la puissance qui gouverne les Enfers.

Lors des réunions de rédaction de Un Temps, il est curieux que le diable ait été assez peu évoqué, et non plus son antagoniste désigné, le Christ, qui remplissait d'exemples tous les temps médiévaux. Dans le Tarot de Marseille, cette collection de visuels archétypiques, le diable porte le n° 15, c'est à dire le trois fois 5 (entre autres explications numérologiques). Et où se situe alors le Christ ? Il est présent sous une ancienne de ses formes, c'est à dire Aïon, dans la lame 21, entre les quatre représentations du divin.

Charles Imbert a déjà insisté dans deux de ses livres sur le fait que le Divin se manifestait en quatre perceptions complémentaires, l'amour, la fusion, l'éclairage et l'information. Il explique qu'en effet, les Mésopotamiens, inventeurs des quatre éléments, ont assez tôt, dès avant l'écriture, repéré dans le zodiaque (qui est une géométrie de la situation, non seulement à l'échelle cosmique, mais aussi dans de petits référentiels, comme il l'a exposé dans son *Paris Esotérique*) quatre triangles intriqués qui relèvent des quatre éléments, c'est à dire des quatre aspects du Divin. Cette découverte n'est pas une invention : la réalité des géométries subtiles est ainsi composée par la Trinité et la Quaternité, les nombres trois et quatre étant bien entendu, parmi les premiers nombres, des archétypes très puissants, et d'ailleurs à la base de toute la cristallographie..

Cet aparté apporté, recentrons-nous sur le propos du silence sur la mort. Ce silence, nous venons de le constater, est voulu, désiré, entretenu. Il correspond à l'idéologie athée qui se veut dominante. Cette idéologie interdit de prendre en compte tout ce qui n'est pas des interprétations étayées par les sciences dites dures. La mort étant devenue le sinistre des sinistres, la concrétisation du zéro (au départ un signe de convention pour signaler le passage du Un au moins Un), il est normal qu'on aille éviter de commettre l'impolitesse de citer quelque chose qui cogne.

Vouloir y changer quelque chose poserait plusieurs problèmes. D'abord, pourquoi vouloir, et changer chez qui (quelle population ? cible ?) pour promouvoir une survivance qui doit de nos jours être tenue – c'est officiel – pour une absurdité ? Il est semble t-il inutile de vouloir, puisque les vues sur la mort sont des résultantes, et sont liées aux comportements de divers groupes sociaux (eux mêmes difficiles à discerner).

Non, tout ce que l'on peut faire aujourd'hui en la matière est un constat philosophique invitant à des prises de conscience sur tout le front du silence sur la mort. Il faut absolument nous ré-approprier le droit de parler des conditions autour de la mort (décrépitudes, deuils, nuisances, souffrances), et étendre la fameuse préoccupation palliative (un thermocautère sur une jambe de bois, c'est de la pyrogravure) à de très claires dénonciations d'hypocrisies.

Soyons thanatophiles sans craintes, créons banquets, cercles, associations, étendons les fêtes des morts et sacrifions à ceux-ci. Fédérez-vous, si vous vous sentez interpellés, et n'ayez pas peur d'aider et de défiler sous des bannières, les morts le méritent bien. **Michel Barster**

1 - Louis Vincent Thomas (1922-1994) fut le créateur de la thanathologie en France. Il eut Evelyne-Sarah Mercier, ancienne Présidente de IANDS-France, comme élève, et publia *Anthropologie de la mort* (Payot, Paris, 1975).

2 - Camille Flammarion, *La mort et son mystère*, *Après la mort*, J'ai lu, Paris, 1974.

LES DEFUNTS ET LA MORT

On laisse les morts enterrer les morts quand ils ne sont pas vivants

Yves Le Maître - Ingénieur Sécurité Incendie

Heureux les pauvres en esprit,
le royaume des cieux leur appartient.
Matt. V.3

Comme vous le constaterez, nous nous inscrivons ici dans une approche du sens et de la fonction de la mort, et consiste dans un discours de préparation avant la mort, car des études (dont celles de Camille Flammarion) existent sur les manifestations programmées avec des amis décédés avant soi, avec lesquels on a convenu de s'échanger des signaux "ensuite" malgré l'état vivant ou de défunt de l'un des deux. De même, nous avons décidé de ne pas aborder les problèmes du spiritisme ou de la réincarnation, qui sont des propos connexes mais non retenus pour le thème de ce numéro de Un Temps.

L'audition même du mot défunt sonne comme le glas de notre mort future, il sonne comme un définitif qui n'a de parfait que l'inconnu qu'il suggère.

Le poids d'une justice souhaitée sinon espérée devient la charge redoutée de l'épée de Damoclès, car devant la mort nous sommes tous égaux, et seulement devant elle. L'inéluctable fin de toute vie nous prendra tous, avec son lot de questions et de regrets.

A aucun autre moment que celui de la mort, la prétention et le discours de l'universalité et du modernisme ne se réalise. La mort rend égale chaque créature de ce monde, lui rappelant si cela était utile, toute la vanité de son existence, en dehors des services qu'elle aura pu rendre.

De ce fait, quoi que nous puissions faire, le sujet des morts reste capital dans nos existences.

Ils sont le centre de toute gravité, puisqu'ils sont titulaires de la finalité absolue. Toutes ces vies dont l'achèvement sans possibilité de retour rend potentiellement nuls chaque effort, chaque sacrifice et prise de risque un tant soit peu sérieuse.

Il s'agit donc, pour les civilisations qui nous ont précédé, de devenir immortel...

Le paradoxe voulant que sans prise de risque, la vie perd de sa saveur et de son intérêt, au point qu'elle devient d'en ennui….. mortel. Cet ennui que l'on soulage facilement en s'adonnant à des plaisirs tout aussi toxiques, souvent addictifs tels que l'alcool ou le sport intensif qui détruisent les corps à force d'abus.

Une question de perspective, au Cimetière du Montparnasse...
Photo Yves Le Maître

Ainsi, et quelles que soient les conquêtes réalisées, la mort constitue l'horizon de toutes les fins.

A force de deuils, de douleurs infinies et absolues, de négociations ne menant qu'à de plus grands troubles encore, à force de vains sacrifices, et de regrets fantomatiques, certains se décident à sortir de l'inéluctable, notamment en rencontrant ce qui est d'abord considéré comme impossible.

Après des siècles de pratiques religieuses, l'Homme s'est mis à envisager l'immortalité, et la victoire contre la mort.

Au final, la seule cause qui vaille la peine est la recherche de la victoire définitive contre la mort de notre enveloppe organique.

Ce plan, forcément divin puisqu'il s'agit de remettre en cause la loi naturelle, s'est vu diffusé sous bien des formes, mais qui finalement se synthétise avec la résurrection du Christ. A tel point que même le Coran fait appel au retour du Messie pour signifier la fin des temps, c'est à dire la fin des temps où l'Homme est mortel, car c'est cela le sujet de la fin du monde, et rien d'autre.

Il s'agit donc, pour les civilisations qui nous ont précédé, de devenir immortel. Du Valhalla aux Champs Élyséens, les Hommes deviennent des héros lorsqu'ils ont montré tous leurs talents. Ce qu'on appelle talent variant d'une cité à l'autre, les différences d'apparence masquent le principe de fond. Ce sont ces *mêmes* talents dont Jésus parle en parabole et dont il désigne très clairement et sans ambiguïté l'enjeu qu'ils représentent dans la parabole dite des talents. (*Matthieu XXV, 14-30*)

Pour mémoire, sur le mont Tabor, le Christ présente des aptitudes bien au-delà du commun, mais comme il s'agit du Christ, on prend ça pour un attribut divin et la réflexion s'arrête là.

Pour le Bouddhisme, on est déjà dans du concret, puisqu'il s'agit de sortir du cycle des réincarnations. Nous n'avons pas la place ici de mon-

Entrons dans la perspective... Photo Yves Le Maître

trer que le Bouddhisme et le Christianisme visent le même but, c'est-à-dire l'accomplissement de l'être réel, de l'âme libérée du dharma, ou des péchés. Mais force est de constater que la libération vis-à-vis du cycle de la mort est le but de ces deux démarches, dirons-nous, puisque le Bouddhisme ne serait pas une religion, pour certains. Ce serait donc un clergé sans religion.

Mais qu'est-ce que la libération, sinon en atteignant l'ascension telle celle du Christ, c'est-à-dire la capacité à aller et venir d'un état d'interaction à l'autre, sans nécessairement devoir s'incarner et à nouveau décéder. Pour mémoire, sur le Mont Tabor, le Christ présente des aptitudes bien au-delà du commun, mais comme il s'agit du Christ, on prend ça pour un attribut divin, et la réflexion s'arrête là.

Plus tard, après sa résurrection, il va et vient dans des pièces fermées, sans besoin d'en ouvrir les portes. De toute évidence les lois matérielles ne sont plus les mêmes pour lui, mais depuis combien de temps ? Cette aptitude date-t-elle de la résurrection ou est-elle plus ancienne ?

En fait la question de comment sortir du cycle infernal de la mort et devenir définitivement défunt, pour être libéré, est centrale, comme l'est le fait de subir la mort.

Pour les catholiques ou protestants convaincus aujourd'hui de l'absurdité de la réincarnation, celle-ci a été censurée de la foi chrétienne par le concile de Nicée, sous l'argument que les ouailles remettaient à la vie suivante leur progression vers le christ, trop occupées à gérer leur existence présente. Il y a dû avoir un raté dans la transmission du message du Christ pour pouvoir opposer ainsi ces deux actions, progression matérielle et progression spirituelle, qui n'en sont qu'une, quoi que l'on fasse. Mais la notion de progression n'implique pas nécessairement la notion d'amélioration. Il est possible de progresser dans toutes les directions, mêmes les plus absurdes et l'idée de progresser pour ce qui concerne les contingences matérielles, sans pour autant changer sur le plan spirituel, apparaît comme bien contradictoire

Ainsi, l'éternel inconnu du monde des défunts constitue le centre et le périmètre de toutes nos vies. Le Sauveur a dit « Je suis l'Alpha et l'Oméga » : vu sous cet angle, cette définition est parfaite.

Comme c'est lors du concile de Nicée que les orthodoxes, de culture grecque, se sont officiellement séparés des catholiques, le sujet ne subit pas le même traitement. La métempsychose ou réincarnation, est déjà traitée par Platon, dans les termes suivants :

« Si c'est en état de pureté que l'âme s'est séparée du corps [...] c'est vers ce qui lui ressemble qu'elle s'en va, vers l'invisible, vers ce qui est divin, impérissable, sage, vers le but où, une fois parvenue, il lui appartient d'être heureuse [...]. Que si au contraire, c'est en étant souillée et sans être purifiée, que l'âme se sépare du corps [...] tout alourdie, elle est tirée en arrière [...] payant ainsi la peine de sa façon de vivre antérieure [...] mais en tout cas, le retour à la nature des dieux est interdit à qui n'a pas pratiqué la philosophie, à qui s'en est allé sans être intégralement pur ; il n'est permis qu'à l'ami du savoir »

En fait, la question de comment sortir du cycle infernal de la mort et devenir définitivement

Nous ne sommes pas au bout...   Photo Yves Le Maître

défunt, pour être libéré, est centrale, comme l'est le fait de subir la mort. Depuis des notions de pureté et de péché sont issues plus ou moins directement toutes celles liées à la moralité, et plus avant du droit (us et jus). **L'interprétation de la réalité détermine la constitution de nos sociétés, et la réalité ultime, c'est la mort.**

Finalement, la vie ne peut avoir que comme issue la mort, et cela quel que soit le chemin employé pour la remettre en cause. Pour cette raison, ou malgré cela, tout est mis en œuvre pour lui échapper, pour échapper même à sa présence, éviter toute cohabitation sachant à contrario que même en chimie « rien ne se perd, rien ne se crée, tout se transforme ». La mort est synonyme d'un deuil et d'une douleur que l'on cherche à toute force à éviter.

Ainsi, l'éternel inconnu du monde des défunts constitue le centre et le périmètre de toutes nos vies. Le Sauveur a dit « Je suis l'Alpha et l'Oméga » : vue sous cet angle, cette définition est parfaite.

Comment donc faire de cet inconnu, un territoire visité ? N'est-ce pas là une question morbide, déplacée voire censurée ? Comment oser fréquenter les défunts et leurs territoires, si ce n'est par une attirance morbide, ou un déni des réalités matérielles ? Il est vrai que ce genre de démarche existe de tout temps, et qu'il y a toujours eu des âmes perdues dans un romantisme très autocentré.

En fait, le XIXe siècle fut fort pourvu en pratiques morbides. L'essor technique et industriel était tel qu'on envisagea de pouvoir enfin dépasser la limite de la mort

---

Toutefois, au-delà des apparences du look gothique et des prétentions de certaines pratiques occultes, il existe une voie étroite, sans possibilité d'erreur ni de retour. Une fois engagée, il n'y a pas moyen d'en sortir. Cette voie est celle de l'incarnation. Tant que l'on n'est pas arrivé au bout du chemin, celle-ci reprend indéfiniment. C'est un lien qui conduit à vivre les processus chimiques sur le plan de la conscience.

Notre conscience est transformée malgré elle, et pas forcément pour le meilleur, par l'expérience biologique de l'incarnation. Les corps biologiques étant un assemblage des fonctions que sont les atomes. Pour en sortir, il faut connaître la vie de ceux qui n'ont plus besoin d'incarnation pour connaître l'issue de tous les processus chimiques.

Cela commence par la rencontre de ceux qui sont déjà morts, les défunts et leurs accompagnateurs, ainsi que leur monde et ses lois.

Comment donc rencontrer les défunts, et à quelle fin ? Nous allons tenter d'y répondre ici.

– A propos de la fréquentation des défunts.

La fréquentation des défunts dans son existence quotidienne est de nos jours surtout l'apanage des professionnels du décès. On entend parfois auprès d'eux des histoires invraisemblables de manifestations qui ne peuvent évidemment être dues qu'à une imagination débordante.

Les manifestations décrites par le personnel de sociétés spécialisées, sont par exemple des bruits de toutes sortes ou des voix, parfois des objets déplacés et des visions fugaces ou même parfaitement claires. Comme quoi, le conditionnement détermine tout.

Psyché ranimée par le baiser de l'Amour, sur le modèle du marbre sculpté par Canova en 1793.   Photo Yves Le Maître

Il est aussi, on l'oublie bien vite, celui des prêtres qui accompagnent le deuil des proches et réalisent la cérémonie funèbre. C'est aussi depuis toujours celui des guérisseurs et sorciers qui, une fois les cérémonies funèbres passées, s'associent parfois aux défunts et aux esprits de la nature pour tâcher de trouver une issue à l'adversité ou un moyen d'améliorer la subsistance de leur groupe, mais aussi des tâches beaucoup moins glorieuses.

Bien malheureusement, c'est aussi le cas de ceux qui ont perdu des parents, des amis proches en nombre suffisant et dans des conditions suffisamment difficiles pour que le sujet devienne d'abord préoccupant, puis occupe une place prépondérante, au point que cela puisse mener à des drames.

La fréquentation des défunts était autrefois très courante, particulièrement à une époque assez proche où la mortalité infantile était importante et où d'une manière générale on mourrait chez soi. Cette situation donnait du sujet de la mort une communauté de vue partagée, tant le sujet était proche de tous et la question du sens de la mort évidente. Ce n'est pas pour autant que les réponses aux questions soulevées par cette inconnue qu'est l'après-vie aient été assurément trouvées.

Pour mieux faire le deuil, et accessoirement s'assurer que le mort était bien mort, on veillait la personne chérie, ou détestée, pendant trois jours, à partir desquels l'odeur ne laissait guère de doute dans le pire des cas. Cette tradition pas toujours respectée donna lieu à des découvertes terribles, qui menèrent à la création de cercueils équipés de système d'alarme au XIXe siècle, telles des cloches reliées à une poignée dans le cercueil.

De cette remarquable invention vient l'expression « sauvé par le gong ».

Compte tenu de la pose bien figée du cadavre, cela a entretenu durant cette époque ou la pose devait être de plusieurs minutes, l'habitude assez morbide de la photo, pardon du daguerréotype, que l'on mettait dans un album familial.

Cette pratique était toutefois très contradictoire avec celle de couvrir les miroirs d'une maison lors d'un décès, de peur d'y voir le visage du défunt.

Il est curieux de constater que les pratiques, pour certaines ancestrales, sont oubliées au profit de l'utilisation de technologies modernes, issues du génie humain.

Comme quoi le psychomanteum n'a pas donné les leçons que cela méritait.

Le psychomanteum est une pratique de la Grèce antique consistant à tâcher de voir le défunt dans un établissement prévu à cet effet dans une surface réfléchissante, posée dans une pièce semi-obscure. Il n'est pas exclu d'imaginer que cette pratique était beaucoup plus ancienne. Après tout, une surface réfléchissante telle que l'eau au fond du puits est assez efficace pour permettre de voir une foultitude de choses.

En fait, le XIXe siècle fut fort pourvu en pratiques morbides. L'essor technique et industriel était tel qu'on envisagea de pouvoir enfin dépasser la limite de la mort, ou tout au moins de la repousser toujours plus, tout en s'éloignant de l'obscurantisme que les lumières et la science officielle, intrinsèquement vertueuses, viennent refouler.

Et c'est ainsi que viennent Allan Kardec et ses pratiques innommables, faute de mieux. Il faut remarquer sur ce point que finalement, le roi Saul, devant la victoire éminente de David, vainqueur de Goliath, a recours à l'évocation des morts auprès d'une sorcière, et ceci après avoir quelque peu massacré ses consœurs de l'époque.

Encore une fois, l'interrogation reste constante, et les méthodes pour y répondre aussi.

…les vampires … sont sortis de l'imaginaire de l'homme s'inventant une immortalité transgressive (...), bien en phase avec l'ère industrielle où ils sont apparus.

Puis, la science physique, grâce à Maxwell, produit un modèle global unifiant toutes les lois physiques et chimiques, ou presque, à l'entrée du XXe siècle. Rapidement, ce modèle efface toute autre forme d'approche de la réalité. Le fait que la loi de la gravité, mise en évidence par Kepler pour démontrer l'héliocentrisme, ne rentre pas dans ce système ne dérange pas grand monde.

Ne pouvant faute de moyen répondre à une quelconque interrogation dans le domaine de la mort, la physique via la médecine interdit et censure toute pratique ou questionnement un tant soi peu sérieux. Les morts sont bien morts, pour le reste cela est une question de conviction personnelle, si vous voulez en savoir plus, le suicide est aussi une solution.

Comme au final on s'était convaincu, et depuis toujours, qu'il fallait faire avec la mort, cette réponse en valait bien une autre après tout. Mais certains, décidés à ne pas en rester là ont donné le meilleur d'eux-mêmes, parfois tout sacrifié ou simplement tout abandonné pour trouver une issue autre qu'un absurde cadavre reposant dans un trou, en un mausolée ou daguerréotype.

Le deuil aidant, on a souvent associé l'idée de la mort avec celle d'un monde d'errance et de résolution de son existence, les œuvres artistiques ou littéraires de toutes sortes en sont le témoignage, le monde des morts n'ayant de sens que selon les conditions du monde des vivants.

L'anthropocentrisme est l'ennemi ici comme ailleurs de toute vérité première. Même les vampires, ces morts vivants, ne vivent que du monde des Hommes, enfin du point de vue humain bien sûr. On pourra toujours se rassurer, au sujet des vampires, en pensant qu'ils sont sortis de l'imaginaire de l'Homme qui s'invente par ce moyen une immortalité transgressive et contaminante, bien en phase avec l'ère industrielle où ils sont apparus.

Portrait de Mary Shelley (créatrice de Frankenstein en 1818), peint en 1840 par Richard Rothwell. Image du Domaine Public établie par la National Portrait Gallery et largement diffusée sur Internet.

A noter que les œuvres littéraires de Bram Stocker (*Dracula* en 1897), après Jules Verne et son *Château des Carpathes* (1892) ou Mary Shelley sont parues comme *pseudo-romantisme* en écho à l'ère industrielle, caractérisée par la domination des ressources naturelles, mettant en évidence l'absence de limite que se donne l'Homme pour dominer ce qu'il ne parvient pas à intégrer, avec les conséquences mortifères que l'on ne connaît que trop bien aujourd'hui.

Le mode de vie actuel, qui voit plus de la moitié de la population mondiale vivre en ville, rend difficile l'interpénétration de l'univers que l'ambiance post mortem tente de codifier, avec le quotidien du consommateur moyen. On doit bien parler de consommateur, puisque d'individu, il ne sera bientôt plus question. A force de ne vivre que pour la domination de la matière, et donc dans sa consommation, il n'existe pas grand-chose d'autre à faire que de disparaître des radars lorsque la matière nous a consommé.

Pourtant et pour chacun d'entre nous, devenir soi-même un défunt inclut l'acceptation que nous ne faisons partie que d'un ensemble sur lequel toute prise demande un effort supérieur, que bien peu accepteront de produire. Et la science physique continue de se refuser à aborder la question, ce qui est absurde.

Lors la phase 4 d'une NDE, qui se constitue de la rencontre avec la lumière, une question simple s'impose, et ne peut être contournée : Comment as-tu aimé ?

L'Homme acceptera de produire l'effort nécessaire en le remettant d'abord à demain, qui nécessairement sera plus proche de l'instant fatal.

Cette acceptation n'allant pas de soi, elle est le plus souvent remplacée par un refus, ou une négociation. Les cinq phases du Dr Elisabeth Kubler Ross (EKR) s'appliquent d'abord à la rencontre avec la mort.

Pour mémoire, les cinq phases du deuil sont répertoriées ainsi (leur ordre importe peu) :
• Déni (Je ne suis pas concerné par ma mort, ou celle de mon proche.)
• Colère (Mais qu'est je fais pour mériter cela ?)
• Négociation (Oui, mais je ne vais pas mourir pour de vrai mon père ? ou pas de suite docteur, plus tard peut-être ?)
• Dépression (Je suis condamné. Tout m'abandonne.)
• Acceptation (De toute façon, que faire d'autre, je n'ai aucun moyen de changer les choses.)

Cinq autres phases ont été mises en évidence par Kenneth Ring dans son ouvrage *En route vers Oméga*, publié en 1991 avec celles de la NDE ou EMI, Expérience de Mort Imminente, largement vulgarisée par le cinéma américain.

1. La douleur disparaît soudainement, le sujet trouve une paix jamais connue auparavant (100 % des cas).

2. Il a la sensation de sortir de son corps, de se voir lui-même – généralement d'en haut –, de pouvoir « lire » les pensées d'autrui ou de traverser les murs (60 % des cas).

3. Il est aspiré dans un vide, un tunnel, avec l'impression d'avancer à grande vitesse tout en restant immobile, de n'avoir plus de corps tout en conservant ses sens (23 % des cas).

4. Il voit apparaître des parents, sa vie entière défile en accéléré devant lui, il avance vers une lumière qui devient de plus en plus brillante sans pourtant l'éblouir (16 % des cas).

5. Pénétrer dans cette lumière conduit à l'indescriptible : beauté, amour, connaissance, rencontre d'entités spirituelles, retour à une matrice originelle, orgasme non sexuel, fusion (10 % des cas).

A bien y regarder, les phases 1 à 3 sont des phases de découverte et d'investissement dans la situation qui s'impose. On découvre d'abord, puis on éprouve les limites du système que constitue cette nouvelle situation.

Dans les phases de Kubler Ross, on parle de deuil, de douleur, alors que dans celles de Ring, il s'agit de découvrir un monde de paix.

Dans certains cas, la colère et la frustration apparaissent aussi chez le défunt. Mais aussi, bien entendu, on ne parle jamais des NDE dites négatives.

Poursuivons le rapprochement, en partant des phases 4 et 5.

Lors la phase 4 d'une NDE qui se constitue de la rencontre avec la lumière une question simple s'impose, et ne peut être contournée : Comment as-tu aimé ?

La réponse vient d'elle-même et justifie la revue de vie. Le seul à juger dans cette situation est l'individu lui-même, qui se juge comme il a jugé tout au long de son existence, selon ses propres critères. Il est le porteur du système de valeurs qui le caractérisent et le définissent.

« Comment vas-tu exprimer tes talents ? »

La structure dont s'habille la conscience vient à ce moment disposer de la conscience. Cette étape peut être vécue avec sérénité, car le défunt, souvent décrit comme un ange ou le Christ lui-même et qui vous accompagne à ce moment-là, vous accompagne de son amour déjà inconditionnel.

Dans la phase 4 d'EKR, c'est l'abandon, le renoncement. Mais le renoncement à quoi, au final, sinon à l'interprétation des faits et l'acceptation de son impuissance face à eux. La structure s'impose, la conscience dispose.

Ce moment est particulièrement douloureux et dangereux, car il n'y a rien de pire que l'absence de tout. Le néant peut venir vous absorber. Le recours à la prière a trouvé à cet instant un succès souvent renouvelé. Le soutien des défunts peut alors se manifester, car la rupture du mental nécessaire au contact devient possible, mais obligatoire, loin s'en faut. Il faut comprendre ici que nombre d'anges gardiens sont en réalité des défunts.

Dans le cas de la NDE, si cette étape est franchie avec succès, la phase 5 peut être atteinte. Le succès, c'est la rencontre avec l'amour. Cet amour-là est assez dissemblable de celui rencontré ou donné en général dans la vie matérielle, cet amour est inconditionnel, et ne demande donc rien en retour. Ce moment est tout à fait comparable, sinon plus, à un moment d'extase.

Dans les phases d'EKR la cinquième s'accompagne d'un apaisement, c'est le franchissement d'une limite. La conscience s'ouvre de nouveaux horizons. Ce qui était insupportable, inconcevable fait désormais partie de la vie de l'individu.

A la question essentielle « comment as-tu aimé » qui devrait nous revenir sans cesse, vient une réponse tardive, post mortem, ou, si vous avez de la chance, en cours d'existence car cette lumière et cette question sont accessibles sans qu'il soit besoin d'en passer par le service des urgences hospitalières les plus proches.

Point de fuite... Photo Charles Imbert

Lors des épreuves de l'existence, la dépression se situe en phase 4. Sans qu'il soit là encore nécessaire d'être en situation de danger absolue tant la dépression vous rend inapte à tout exercice, il est aussi très courant de traverser des phases de mélancolie, de mal-être voire de s'y installer pour longtemps.

A cette situation si courante, comparable à situation de deuil de sa propre existence, une question s'impose à ceux qui trouvent une sortie vers le haut : « (Comment) Aimes-tu ? »

Aimer sans demande de retour, pour la beauté et la joie qu'il y a à aimer contribue à répondre à cet autre défi :

« T'exprimes-tu dans l'amour ? », soit l'équivalent d' « exprimes tu tes talents ? »

Aimer, c'est donner de soi-même, c'est se donner, au point si nécessaire de donner sa vie. Lorsqu'on se donne, on donne les talents innés qui sont en soi, sans toujours les connaître, mais c'est en vivant ainsi que les talents se révèlent.

L'absence de jugement est un préalable, renoncer à juger, c'est renoncer à sa propre identité, renoncer à la croyance de ce que l'on est pour découvrir et vivre ce qui ne peut disparaître.

La phase 5, c'est l'entrée dans cette cité désignée dans le dévoilement par la Jérusalem céleste, le royaume du Père, et dont le Fils est souverain.

Ce lieu se décrit ainsi :

« La rue (place) de la Cité était d'or pur, com-me du verre transparent »
(*Apocalypse* XXI : 23-25).

« Lumière, cité, cristal »
(Divers témoignages de NDE, relevés notamment dans *En route vers oméga*, de Kenneth Ring.).

Pouvoir entrer dans la Cité est une exception qui demande une certaine préparation. Savoir se donner sans calcul et en confiance n'est pas donné à tout le monde. Passée cette étape, tous ceux présents sont déjà dans cette démarche, parfaitement élémentaire car elle est la condition sine qua non de la suite.

Lorsque vous mettez en commun tous les talents, ceux-ci offrent à chacun les capacités cumulées de tous les individus présents. Chacun des talents s'associe à ceux des autres pour fournir la structure capable d'absorber un mouvement colossal, celui de l'univers tout entier.

De ce fait, discerner la vérité en ayant accès à l'akasha devient possible, et sans effort.

L'expérience orgasmique que cela représente s'explique ici par la fusion des consciences bien au-delà des possibilités limitées par le corps biologique, l'intensité qu'il peut supporter devant être augmentée progressivement.

La rencontre avec sa propre mort fait partie du processus de deuil. L'initiation consiste justement à accepter et ressentir profondément ce deuil, sauf qu'il s'agit ici de prolonger l'expérience au-delà d'un simple renouveau, d'aller à la découverte de réalités nouvelles, mais aussi anciennes comme le monde lui-même.

Certains monuments funéraires expriment des réalités cosmiques et supérieures autres que celles consacrées ou évoquées par des rites et cultes : ici, ce zodiaque sur une sphère est intemporel.   Photo Yves Le Maître

Dans le monde antique, les initiations préparaient à la mort, ce pourquoi les Cultes à Mystères furent toujours survolés par les études modernes, puisqu'il s'agissait que de questions peu agréables, et surtout inaccessibles puisque bien éloignées de toute hypothèse ou de prétendue manipulation des foules par la religion.

Mais au final, de quel deuil s'agit-il, sinon de l'illusion qu'on se fait de sa propre existence ?

S'il est accepté le fait, un peu notoire quand même, que rien ne s'arrête, et que bien au contraire la vérité se fait jour une fois débarrassée des limites bio chimiques de l'expérience de l'incarnation, faire le deuil de l'illusion donnée par les sens biologiques qui ne perçoivent pas grand-chose au final, s'impose à la conscience en deuil comme la seule voie sérieuse de toute existence.

La recherche d'une trajectoire permettant de dépasser l'événement actuel, celui qui suggère la mort partielle ou totale, est souvent le déclencheur de la remise en cause des quatre premières phases, ce qui permet d'atteindre une certaine plénitude. Les efforts fournis pour y parvenir sont d'une manière générale à la hauteur du défi.

Toutefois, devenir un défunt pour espérer côtoyer le monde des immortels demande un travail de longue haleine, motivé souvent par un total désespoir duquel aucune solitude ne s'échappe.

Au final, c'est un travail qui s'impose de lui-même, qui ne vient pas par goût ou par suite d'une simple divagation.

L'expérience aidant, envisager de côtoyer les défunts évolue vers accepter d'être un défunt. Mais évidemment un défunt libéré, pas de ceux qui errent dans les cimetières à la recherche de leurs vies perdues, et cela est réservé à une classe de personne un peu particulière, celles-là dont on ignore en société l'existence profonde, tant ce qu'elles représentent remet en cause la quiétude d'un horizon connu.

Devant l'interrogation que soulève la présence des morts (revenants ou subsistants) dans les cimetières, car il faut bien qu'ils soient quelque part malgré tout, il est parfois tentant de s'émoustiller aux abords de ce lieu de repos, à l'adolescence, pour jouer à se faire peur, de faire tourner les tables, les verres ou tout autre instrument désigné comme « médium ». Mais dans ce domaine, et dans ce domaine seulement, la curiosité s'arrête là où la vérité commence. Au-delà, il ne s'agit d'investigation, mais d'initiation.

Dans le monde antique, les initiations préparaient à la mort, ce pourquoi les Cultes à Mystères furent toujours survolés par les études modernes, puisqu'il ne s'agissait que de questions peu agréables, et surtout inaccessibles, puisque bien éloignées de toute hypothèse de manipulation des foules par la religion.

Les initiés étaient triés sur le volet, selon des critères variants, mais dans tous les cultes, à mystères ou autres, on attendait de l'initié un engagement de corps et d'âme. Le plus grand des mystères restant celui de la résurrection, qui est l'ultime victoire de l'initié face à la plus totale des adversités. Il est commun à bien des croyances depuis des millénaires. Accepter l'antériorité de l'espérance, c'est aussi se référer à des lignées plusieurs fois millénaires, c'est aussi recevoir le bénéfice d'une expérience partagée depuis des lustres par une population toujours prête à soutenir le prétendant à l'initiation.

Ce tombeau est la figuration d'un cercueil en quasi lévitation qui ne sera jamais inhumé, posé pour toujours (ou presque) sur ses cales. (N'oublions pas que le Code des cimetières précise que la Perpétuité ne vaut que "si la famille entretient la sépulture"... Plus de famille ? Alors c'est la fosse commune...). Photo Charles Imbert

---

Au final, c'est un travail qui s'impose de lui-même, qui ne vient pas par goût ou par suite d'une simple divagation.

L'interrogation n'est pas dans la possibilité qu'il y ait une vie après la mort, car à cette question toutes les preuves se contredisent dans l'esprit des égarés, mais bien plus sur la futilité d'une existence qui peut s'achever à tout moment, dès lors qu'il n'y a aucune possibilité de dépasser la limite de la mort.

Toutes les approches dans le domaine, et Dieu sait qu'elles sont nombreuses, visent à calibrer les défunts pour qu'ils soient utiles dans le monde des vivants, comme nous aimons à définir celui où nous errons, travaillons et mourrons.

Vivre ou ne pas vivre avec les défunts est un choix, mais devenir un défunt, une fatalité, pour certains, un espoir pour d'autres. Le statut du défunt est de révéler l'existence, pour ce qu'elle est mais aussi pour ce qu'elle pourrait être à chacun d'entre nous.

Il est malgré tout possible de rencontrer les défunts, de converser avec eux. Pour y parvenir, il faut donc aussi être capable d'en être un soi-même.

Définissons alors ce que c'est que d'être un défunt.

On peut, avec peu d'efforts et quelques péripéties devenir un spectre, c'est déjà assez proche d'un défunt pour être opérationnel. Il faut pour cela devenir un être à peine visible tant il a disparu, un individu certes, mais si peu important aux yeux des hommes puisqu'il ne mange pas, ne se plaint pas, ne demande rien, et sourit à qui veut bien le saluer, malgré le risque de devoir un instant s'en approcher.

Une fois cette première étape franchie, au péril de sa vie il faut bien le reconnaitre, des choses nouvelles ou bien anciennes, très anciennes deviennent visibles et prennent une valeur inédite. Ce qui existe de tout temps ne peut être caché que par un verni.

Disparaître aux yeux des Hommes n'est pas une vue de l'esprit. Il faut pouvoir disparaître selon les critères sociaux, économiques et physiques. L'absence de tout bien matériel, le refus de toute négociation avec un univers décidé à entretenir la voie mortifère de l'adoration des plaisirs matériels, pis-aller face à la force des choses, l'invisibilité aux yeux des parents et des proches, le jeûne prolongé pendant des mois, l'exposition au danger physique d'une nature hostile lorsqu'on ne la connaît pas suffisamment pour en voir l'absolue cohérence, aboutit à force de renoncements à la découverte d'un monde plus vaste et plus cohérent.

Toutes les approches dans le domaine, (...) visent à calibrer les défunts pour qu'ils soient utiles dans le monde des vivants, comme nous aimons à définir celui où nous errons, travaillons et mourrons.

On peut ainsi atteindre un tel point que même les machines ne réagissent plus à votre contact, mais qu'au contraire les éléments naturels montrent des aspects inconnus, dont il faut des années pour en comprendre le sens. Cette compréhension ouvre à son tour de nouvelles portes.

Le monde invisible a ainsi été enseigné pendant des millénaires et dans ces mêmes conditions, rencontrées préalablement par des individus conduits par le deuil extrême d'une mort totale, qui ont pris le temps par la suite de transmettre le constat de la victoire perpétuelle de la vie à leur prochain. La victoire de la vie sur la mort est inéluctable, on ne peut le savoir réellement qu'en devenant soi-même un défunt.

Le monde, l'univers tout entier vit en permanence dans l'éternité ou le temps n'a pas de sens. La matière elle-même, source potentielle de subsistance, après tout bien neutre et inerte aux premiers regards se rappelle à la mémoire du spectre, comme une prison, un labyrinthe qu'il faut franchir sans tricher, sans faire le saut fatal et irréversible du joueur qui ne veut pas respecter la règle. La matière, source irrésistible de la vie ne se laisse pas mener. Elle se laisse dévoiler uniquement au spectre qui veut vivre, mais dans le monde des vivants. C'est ainsi qu'on rencontre les défunts, et aussi les autres, tous les autres si nombreux, joueurs drôles ou terrifiants selon l'humeur du moment. La nature est vivante, et l'homme en s'éloignant de lui-même s'est éloigné d'elle.

Le spectre libéré du souvenir des soi-disant vivants est initié par les soi-disant défunts, vivants bien au-delà des peurs ignorantes des Hommes.

Il n'y a de limite, que l'Homme.

Mais qui voudrait voir que sa condition d'individu cerné par la mort appelle à de nouvelles responsabilités, sinon celui qui a la volonté de vivre ?

Alors que le monde des morts rejoint celui des esprits de la nature pour toutes les civilisations qui nous précédé, telle une évidence partagée par tous ceux qui, atteignant les limites de leur capacité et l'usure de la survie, n'ont plus aucune difficulté à voir ce qui est, notre époque prisonnière de sa fascination ultime qu'est la technologie fondée sur la religion de la domination de la nature, ignore que son trépas est ourdi par son aveuglement.

Les défunts, de tous temps ont été à la fois la mémoire du commun, et les guides des survivants. Pour les connaître, il faut longtemps être en état de quasi survie, et en restant proche de la nature, ce que des millions d'Hommes ont vécu depuis des millénaires. Bizarrement, à l'issu d'un complot d'ignares sans doute, toutes les religions primitives parlent d'une même voix des esprits de la nature et des morts.

Il n'y a de limite, que l'Homme.

On le sait, les réponses des athées sont multiples pour expliquer comment ils ne veulent pas voir, en adoptant un point de recul prétendument supérieur. Pour Ferdinand Alquié, auteur du livre *Le désir d'éternité*, par exemple, c'est une constante de vouloir s'imaginer, représenter comme non périssable. Cette très basique constante serait le socle de tous les mythes de la survivance autour du globe. On retrouve ici une psychologie faisant bon cas de vécus (dits *primitifs* pour parler des cultures traditionnelles, ou dits *illusoires* pour évoquer des contemporains croyant avoir des repères dans un prétendu monde invisible) par un simplisme désarmant, niant tout en bloc pour ne rien avoir à prendre en compte ou devoir expliquer.

Il n'existe pas de place parmi les défunts ou les autres, terrestres ou pas, pour la faiblesse, la peur ou la lâcheté. Etre vivant se mérite, ce n'est en rien un acquis, la mort est précisément là pour nous le rappeler.

Dans le monde des défunts, lorsque la matière n'est plus une limite et ne protège plus de rien, il n'existe plus que la foi pour exister.

La religion des origines nous a légué le Christ, libérateur de l'esclavage réel qui ramène tous les Hommes au même point, et victorieux de l'ultime limite qu'il reste à franchir.

L'ami le plus sûr, le plus fidèle, c'est Lui. Dans l'obscurité de la conscience occupant un corps affamé et affaibli, cet ami-là est un soutien d'un autre genre que celui dont la société humaine nous accable. Il n'est pas forcément reconnu par tous, mais il est le même pour tous. Le chemin de la vérité, c'est le chemin de la vie, car la vie suit une logique qu'aucune théorie aussi complexe et inintelligible soit-elle ne peut remettre en cause.

Les défunts sont aussi vivants que n'importe qui, ou quoi, dans l'univers.

Face à l'immensité du monde l'égoïsme même le plus médiocre peut être vu comme un anthropocentrisme. Le méditant ou le contemplatif verront vite le déni de la cohérence de l'univers, car il montre par son contraste l'incohérence de la personne. Pour se maintenir dans la croyance en une forme d'existence, la sienne propre, qui est avant tout une construction issue d'une foultitude d'interprétations, plus qu'une vérité en soit, il faut choisir d'ignorer nos limites pourtant si vite atteintes.

Seuls quatre ex-voto et un crucifix marquent l'emplacement de cette sépulture qui refuse tout tombeau ou signe extérieur dépassant de la terre. Parfois, une pierre encastrée ne dépasse même pas d'un millimètre, autre expression d'une sobriété désirée : (« Rien, je ne veux rien »). Il sera difficile de savoir ou comprendre s'il y a là signe, message, concession à l'entourage (le crucifix), volonté de fusion/disparition.   Photo Charles Imbert

Sur la fin, dans une fermeture encore et toujours affirmée comme de la raison, la croyance en la destruction de cette vaine personne, conduit à un isolement qui nous coupe de la source de toute vie.

Le paradoxe veut que cette croyance en la dissolution de tout désir pour l'objet matériel délivre des protections nous permettant de supporter le monde matériel. Il faut donc faire le choix entre un cercle vicieux, et un cercle vertueux.

Pour ce faire, les méthodes ne manquent pas. Très tôt est apparu l'idée d'une aide, en général celle du chamane ou du mieux doué (des débats continuent d'exister sur le passage du chamane au prêtre), parce qu'une aide est possible. La croyance radicale dans une aide contrebalance la frayeur potentielle, et souvent indicible. Rapidement, il s'est révélé que le représentant de l'aide, le Sauveur, était intérieur et extérieur à notre personne. Il nous appartient de cultiver sa présence dans notre proximité.

Ainsi la foi et la liberté se rejoignent, car la vérité est dans l'affirmation de la vie. Certains défunts le savent, d'autres cherchent désespérément ce qui leur échappe, épris de colère et de justice, espérant que celle-ci puisse s'exercer sous l'influence d'une instance échappant à la vérité commune, pour se soumette à leurs désirs personnels.

Mais d'où vient ce désir de dominer sa vie, alors qu'il serait possible de l'enrichir plutôt que de l'exploiter ?

Il n'existe qu'un seul principe logique, commun à toute chose, allant depuis la création de la matière jusqu'à la diffusion de la conscience.

Cette logique est une logique de vie, de partage juste dans la mesure où il fait partie d'un plan sans limite, et dans des termes variant selon les ressources et les possibilités. Le détournement à des fins personnelles est toujours possible, mais la logique rattrape toujours tout, au point s'il est nécessaire d'entraîner non seulement la mort mais aussi la disparition ou la transformation de ceux qui n'apportent plus de fruits à l'ouvrage.

A tout moment, on reconnait un arbre à ses fruits.

Le désir de dominer son existence interdit de devenir un défunt libre. Bien des ouvrages ou des récits nous le rappellent. Jacob Singer trouve la lumière auprès de son fils décédé avant lui lorsqu'il accepte son sort, Jonas trouve la fortune après avoir subi l'outrage.

Mais d'où vient ce désir de dominer sa vie, alors qu'il serait possible de l'enrichir plutôt que de l'exploiter ?

Tout désir appelle la frustration associée, et l'angoisse de ne pouvoir assouvir à nouveau. Souvent, il est confondu l'assouvissement du désir et la satisfaction associée à un sentiment de quiétude, voire de liberté si l'ouvrage est noble. En fait, la liberté est acquise par la dissolution du désir. Celui-ci fait place à quelque chose qui ne se désire pas, mais qui se partage.

Quant au réveil après la nuit, nos yeux s'ouvrent dans un environnement ordonné, retapé, neuf ou tout du moins entretenu, la joie est naturelle, car la contemplation de tous les bienfaits du monde est immédiate. Aussi, nous mettons nos intérieurs et nos jardins en ordre, nous rangeons les objets dont nous avons la charge, nous veillons au confort de nos animaux domestiques. Cette mise en ordre, le rite pour les hindous, est un combat contre la mort qui nous encercle, permet de la repousser une journée encore dans ses sombres horizons…

A notre insu, ce combat contre la mort par la fabrication de notre quotidien constitue le fondement de toute notre existence. Toutes les révoltes face au modèle social n'en sont de ce fait qu'une nouvelle démonstration de la faiblesse et de la vanité du révolté face à l'inéluctabilité de la logique et de la vérité.

Heureux les simples, le royaume des cieux leur appartient.

Rien n'est plus vrai, et dans ce monde, et dans le monde des morts. Les défunts libérés des contraintes et des deuils multiples que constitue l'abandon de toute consommation de la chair en savent quelque chose.

A la fin de toute vie, à la fin de toute initiation, seule la simplicité permet au défunt d'accepter son sort. De ce fait, l'obéissance demandée, la pauvreté exigée, la foi recommandée avec tant d'insistance trouvent leur raison d'être.

Le désir de dominer son existence interdit de devenir un défunt libre. Bien des ouvrages ou des récits nous le rappellent. Jacob Singer trouve la lumière auprès de son fils décédé avant lui lorsqu'il accepte son sort, Jonas trouve la fortune après avoir subi l'outrage.

Evidemment les possibilités offertes par ces dispositions n'ont pas échappé aux méchants, à qui le Christ cache ses enseignements par des paraboles, principe même de l'initiation dont le sens profond n'est accessible qu'à l'élève qui donne de son corps et de son âme.

Les défunts nous parlent, oui, c'est évident. A travers les souvenirs qu'ils nous laissent et à travers l'absurdité parfois de leur décès, à travers la cruauté allant parfois jusqu'à l'atroce des conditions conduisant à la mort nous laissant à régler ou à laisser de côté la question de notre capacité à résoudre une équation sans fin, sans issue ni commencement.

Ce n'est pas dans la réflexion que se trouve le soulagement à la douleur ou à l'angoisse de la mort. Aucun discours ne peut à lui seul résoudre cette question.

Etre vivant, encore une fois, cela se mérite.

Il faut savoir laisser mourir en soi ce qui nous tue pour rester en vie. Les défunts, parfois amenés à intervenir ici-bas nous parlent aussi. Mais la douleur peut à ce point être brûlante qu'elle fait passer les vessies pour des lanternes.

« Point tu n'invoqueras les morts » dit la *Bible*, et quelques autres sources.

Invoquer les morts est à la fois inutile et dangereux. C'est comme vouloir composer un numéro de téléphone au hasard pour demander s'il existe un policier assez bon pour venir protéger son trésor, dans son salon. La bienveillance n'est pas de rigueur, ni ici ni ailleurs, la vigilance, si.

Etre vivant, encore une fois, cela se mérite.

Au-delà la phase 5, existe une phase 6, tellement évidente qu'elle n'apparait nulle part : la mise en œuvre de la maturité acquise, tel est le sens et le rôle des défunts.

Yves Le Maître

Raymond Moody, *La vie après la vie*, Plon, Paris, 1973
Kenneth Ring, *En route vers oméga (1991)*, Alphée, Paris, 2009.
Société Biblique, *Les quatres évangiles*, Pierrefitte; 1982.
Saint Jean, *Le livre des révélations*, Pierrefitte; 1982.
Anonyme, *Bardo thodol*, Albin Michel, Paris, 1981.

LA TRAVERSÉE DU MONTPARNASSE

Ce témoignage à deux voix a été rédigé par deux des protagonistes, de façon à présenter deux facettes d'une même expérience

Yves Le Maître et Charles Imbert

Première partie : Yves

Il faut que je vous confie que je suis dans le métier de la sécurité incendie. De ce fait, j'avais été amené à réaliser un dossier d'étude technique pour le remplacement du système de sécurité incendie de la célèbre et symbolique Tour Montparnasse, deux ans avant l'événement que je vais décrire pour les besoins de ce numéro.

Petite parenthèse, cette affaire a été l'une des meilleures réussites de ma carrière. J'ai pu réaliser deux dossiers différents en 4 000 heures, (pour un budget de 6 000), faire réduire de 50 % le coût global de l'installation, en remettant en cause les principes initiaux du fabricant, et des deux bureaux d'étude associés. Cette précision pour dire que j'ai la tête sur les épaules.

D'un point de vue plus personnel, l'affaire ayant été réalisée à l'entrée du 21e siècle, sur la plus haute tour de France et dans sa Capitale, pour un ex-SDF (car j'étais aussi passé par cette case du Monopoly), c'était extrêmement symbolique, même si du point de vue purement technique, c'était assez simple.

Cet événement succède à de nombreux autres, mais il a eu ceci de particulier que cette fois-là, je ne me trouvais pas seul.

Entrons dans le vif du sujet. C'était un samedi, au mois d'août, Catherine, Charles, et moi-même étions en balade dans le quartier de Montparnasse. Charles, toujours en verve, nous expliquait l'intérêt du quartier, son histoire et aussi le fait que l'un des membres de sa famille y avait vécu, quelques décennies plus tôt. C'est ainsi que, l'air de rien, nous sommes arrivés aux abords du cimetière Montparnasse.

Je me suis dit « grand bien leur fasse, après tout ».

Depuis les étages supérieurs de la Tour, j'avais déjà vu ce dernier. J'étais assez surpris de sa proximité avec la Tour et la gare du même nom. J'avais eu à toiser ce domaine de la mort depuis les hauteurs, tout en imaginant tous les destins qui s'y étaient achevés, en ne me figurant pas une seconde devoir le fréquenter de quelque façon que ce soit, car pour ce qui est de la mort, « j'ai déjà eu donné », merci.

Il était 17 h 00 passé, il se faisait tard, nous pensions à rentrer. Pour aller au plus court, il y avait la possibilité de traverser le cimetière, par la rue qui le coupe en deux.

J'ai immédiatement mis en garde mes accompagnateurs. « Nous ne devrions pas passer par là », dis-je. Ils insistèrent, comme si de rien n'était. Décidément je ne faisais toujours pas autorité dans le domaine. Je compris que rien n'y ferait, et que je ne pouvais imposer mon point de vue, surtout vu les arguments que j'aurais pu opposer. Je me suis dit « grand bien leur fasse, après tout ».

Je leur emboitais le pas, sentant déjà le trouble et le poids de la rentrée dans l'ombre du cimetière. Il faisait encore plein soleil, et les oiseaux de celui-ci chantaient alors que nous entrions. Là, je dis alors, comme d'habitude dans ce cas-là en pensant qu'ils ne verraient rien : « il y a du monde ». Au bout de trente mètres à peine, Catherine et Charles ne me précédaient plus. Encore vingt mètres plus loin, ils envisagèrent de faire demi-tour. Je leur dis alors, que nous ne pouvions plus faire demi-tour, qu'il fallait aller jusqu'au bout, trop engagés que nous étions maintenant, et je passais devant. Je pouvais sentir l'angoisse de Catherine. Au fur et à mesure de notre progression, le silence se fit presque total, on n'entendait plus les oiseaux, seulement le bruit devenu très faible de la circulation parisienne.

Je pouvais distinctement voir les ombres en plein jour traverser la rue et les murs du cimetière très occupées à se rendre visibles. J'avais déjà vu ce genre de chose, mais dans des condi-

La rue Emile Richard, été 2018.   Photo Yves le Maître

tions très différentes, et surtout seul. Je me gardais bien de commenter plus avant, pour ne pas faire peur à mes compagnons de route. L'éclat de la lumière du soleil, l'ami de toujours, se ternit.

Nous avancions encore. Arrivés au premier tiers de la rue je percevais distinctement la croisée des mondes, j'étais ici chez moi d'une certaine façon. Je savais aussi que nous ne risquions rien, tant que nous restions à notre place. Arrivés au milieu, il y avait un arbre, coté Tour, dont les

Le fameux arbre...   Photo Yves le Maître

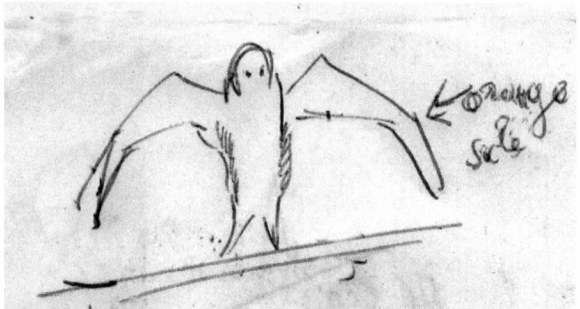

Il fut décidé, au moment de la décision de l'écriture de cet article à deux, de procéder à des dessins ou "portraits robots" de ce que nous avions vu. Ces dessins très sommaires furent en fait exécutés en une minute, pour constater que si Charles avait bien vu ce qu'avait vu Yves et vice-versa, nous traduisions principalement ce qui nous avait le plus marqué, et insistions sur une forme culturelle pour nous la plus évidente. Ici le démon dessiné par Yves, d'un « orange sale ».   Dessin Yves le Maître

branches surplombaient le mur sans portes ni grille du cimetière. Je me suis arrêté après l'avoir passé, décidé à ne pas me laisser impressionner, me retournant pour l'observer.

Dans les branches basses se trouvait quelqu'un, ou quelque chose qui s'apparentait à un démon. La chose avait l'apparence exacte d'une créature du même type, vue quelques mois plus tôt, dans un film hollywoodien.

Une apparence autant qu'une souffrance faut-il préciser. La décomposition est permanente chez les êtres qui ne renoncent pas aux désirs qu'ils ont de la vie matérielle, incapables de renoncer à leurs appétits, et totalement identifiés à leurs frustrations. C'est parfois aussi cela être un défunt. Oui, il y a une forme de justice dans ce qu'on appelle l'au-delà, assez éloignée toutefois de celles auxquelles les hommes se réfèrent. Celle-là n'a pas besoin de rétribution pour se justifier, elle fonctionne d'elle-même.

C'est là que j'ai réellement perçu la force et l'étroitesse du lien entre le désir et l'esclavage qu'il impose...

Ce qu'il y avait de plus important, c'était la vision très nette, au fond du cimetière coté Tour, d'une porte, et de ses gardiens. Une porte en superposition sur les immeubles parisiens, de laquelle on voyait clairement la lumière rayonner.

Plus profondément, sous les tombes, où sourdait l'amertume et la douleur de ceux qui ne pouvaient approcher cette porte, maintenus par toutes les douleurs et colères des phases 2 et 3 d'EKR, incapables d'entrer dans la phase du renoncement. C'est là que j'ai réellement perçu la force et l'étroitesse du lien entre le désir et l'esclavage qu'il impose, j'en ai déduit que c'était là la leçon qu'il fallait retenir.

Il était temps d'avancer. Je ne pouvais soutenir longtemps cette vision-là sans rien tenter, et il n'était pas question de travailler ici, en public. Une prière aurait été bienvenue, pour toute cette horreur, mais l'expérience me manquait alors. J'étais ignorant de l'importance des rituels sacrés. L'éducation moderne ne tenant aucun compte des traditions pratiques de nos ancêtres, sur certains points pourtant reconnus comme essentiels, nous sommes sur ce point face à une hérésie – dans son sens de « condamnable déviation de pensée » – qu'il faut dénoncer.

Nous progressâmes avec efforts pour chaque pas supplémentaire vers l'issue, de l'autre côté du cimetière.

Les chants des oiseaux reprirent doucement d'abord, le brouhaha de la ville s'intensifia, la lumière du soleil repris ses droits. Nous sortîmes enfin.

Alors, Catherine me dit, très troublée : « A présent je te crois, quelque chose m'a tenu la main tout le long. ».

La Tour Montparnasse, surplombant le cimetière du même nom.   Photo Yves le Maître

Nous n'avons pu parler – avec recul – de ces moments avec Charles que bien des mois plus tard. Et j'ai jugé opportun d'apporter cette histoire à ce numéro de Un Temps.

Il m'est apparu évident dès le début que la forme des visions correspond à des codes acquis, et qu'ils sont l'expression, comme dans la NDE de la culture ou des croyances acquises, parfois incidemment. « J'ai eu longtemps » médité sur cet épisode quelque peu accidentel.

Il a fallu plus de dix ans pour l'intégrer, c'est une expérience dont j'aurai à reparler dans un autre numéro, car elle s'intègre avec d'autres événements, chacun levant une partie du voile.

Seconde partie : Charles

Je ne sais plus lequel d'entre nous trois a dit le premier « Y'a du monde », ou « Ça grouille ».

C'était une soirée de la belle saison, avec des feuilles sur les arbres, mais aussi autre chose que des feuilles : des formes sombres, assises ou perchées sur les branches. C'était des formes humaines, non pas gigantesques ou minuscules, mais de la taille d'une personne assise. Elles étaient vêtues, comme dans les films ou les illustrations, de sombres haillons déchiquetés qui pendaient autour d'elles. De ces formes, en avançant à pied, il y en avait visibles partout, qui sans bouger nous regardaient tranquillement passer : non seulement dans les arbres du cimetière du Montparnasse, qui s'étend des deux côtés de la rue, mais dans les arbres bordant la rue.

Ces formes ne bougeaient donc pas, mais elles étaient sinistres. De plus, il est probable que nous devions progresser entre les rangs d'autres formes davantage invisibles, ou que nous ne voulions pas percevoir, et qui étaient debout dans la rue autour de nous, car nous nous sentions oppressés et menacés. Certaines formes sombres dans les arbres me paraissaient elles-mêmes déchiquetées ou en lambeaux, en plus de leurs haillons

Cette remontée vers le nord de la rue Emile Richard est périodiquement évoquée entre Yves Le Maître et moi, car nous étions trois pour la faire. En effet, Catherine, une expérienceuse de Mort imminente, connue à IANDS-France, était là avec nous. Cette traversée du cimetière ayant eu lieu vers 1998 ou 1999, nous avons perdu la trace de Catherine, que nous pourrions retrouver dans nos archives...

Je me rappelle de certaines données, Yves se rappelle d'autres, complémentaires, et cette marche d'environ 300 mètres entre la rue Froidevaux et le métro Raspail eut donc lieu il y a une vingtaine d'années. Vous pouvez imaginer que nous avons conservé des souvenirs personnels, préférés, même si sur le coup nous savions avoir bien vu la même chose. C'est pourquoi nous avons décidé de rédiger cet article à deux, pour rendre compte de notre expérience.

Nous voyons cet article comme un témoignage, non pas l'occasion de raconter une « Savoureuse histoire de fantômes ». Ce fut une rencontre avec des fantômes, peut-être facilitée par le fait que nous étions sur la même longueur d'ondes, comme on dit, et sans être, comme on dit en « état altéré de conscience ». Ce fut une rencontre de fantômes comme il en existe parfois, lorsque, prévenus qu'il ne faut pas aller quelque part, on y va quand même.

De plus, Yves a clairement vu un démon, dont il a dressé le portrait, et que vous trouverez en illustration...

Car il y a ce premier aspect : Yves ne voulait pas passer par là, mais un coup d'œil sur la carte renseigne aisément : c'était de beaucoup le trajet le plus court entre la rue Froidevaux et le métro *Edgar Quinet* ou *Notre-Dame des Champs*. Il y avait donc prévention, tabou, au départ, et il y eut transgression. Il faut préciser que, bien sûr, arrivés au tiers du chemin, se posa la question d'éventuellement faire demi-tour, et qu'Yves nous le déconseilla encore. Je me rappelle que je n'avais pas envie de tourner les talons (se retourner est une autre transgression dans une situation déjà sans repères, comme nous l'indique aussi le mythe d'Orphée et Eurydice, ou celui de la femme de Loth ; seule la chèvre-poisson du Capricorne se retourne sans dommages depuis des milliers d'années). Au contraire, j'étais encore relativement assuré et confiant sur le fait de tout traverser : ça ne me concernait pas.

Une fois que nous avons eu décidé d'écrire cet article à deux – chacun sa partie – nous avons pensé retourner y faire des photos. Nous avons donc passé, à nouveau, plusieurs heures sur les lieux (et fait des photos). Pour mon compte, l'oppression n'a pas varié. Il y avait toujours du monde, mais cette fois sans la dimension très curieuse de l'autre fois. Comme j'étais d'abord passé à Neuilly pour prendre un café avec Patrice Serres, et que je lui avais confié mon emploi du temps, il m'avoua que lui aussi, la première fois qu'il était passé par là, il avait ressenti "du monde", et que cette expérience avait été la même pour Jean Giraud (dit Moebius), en sa compagnie quelques temps plus tard.

Une des conditions qui avait changé, depuis 20 ans, c'est que nous étions là pour rendre hommage. Cette intention a modifié beaucoup de choses, puisque il n'y avait plus la dimension, non pas de bravade, mais d'indifférence par rapport aux tabous. Il n'empêche que je suis sorti fatigué de ce nouvel épisode, au point de passer une journée de repos quasi complet le lendemain. Puis est venu le temps d'une seconde rédaction, tenant compte de ce que je voulais énoncer dans le volet *défunts* de ce numéro.

Lorsque Yves et Moi nous échangeons - à présent rarement – à propos de la première traversée, nous tombons d'accord sur certains détails, comme par exemple les haillons, qu'Yves évoque comme *hollywoodiens* (comme dans les films d'Hollywood). Pour les ressentis, nous savons que nous avons ressenti la même chose ; oppression, des désirs de nous prendre de l'énergie, des envies autour de nous.

Yves de plus a clairement vu un démon, dont il a dressé portrait robot, et que vous trouverez en illustration de cet article.

Vous pouvez aussi les repérer au lobe-antenne...

Nous tombons alors d'accord pour convenir que c'était une expérience dense, particulièrement parce que nous avons tous les trois catalysé une expérience que nous pouvons vivre chacun. Il n'y avait rien de spécial, sauf de vivre l'épisode en même temps, et de le commenter.

A ce propos, enfin, Yves insiste sur le fait que nous étions réellement entrés dans une autre dimension, un inter-monde autant objectif que créé par des circonstances variables. Cet inter-monde serait le Mittelwelt, le séjour des morts, tout simplement. Après tout, il faut bien situer ce "monde ombre", et on se souvient que pour les anciens, il était très facile d'y accéder, en rencontrant l'angoisse où en se plaçant dans certaines conditions : par exemple, c'est ce que fait Ulysse lorsqu'il rencontre les morts. il ne vit pas une errance très compliquée pour trouver une "porte", un tunnel, un passage. Au contraire, il arrive sur le rivage des Cimmériens et procède à des rites indiqués par la magicienne Circé qu'il vient de quitter. Les morts arrivent alors. Il y a plusieurs ambiguïtés, car Ulysse est peut être arrivé aux confluents des fleuves infernaux au bout du monde, donc il aurait réellement atteint les enfers (ce que nient certaines écoles, voulant le voir simplement *invoquer* et non *voyager*). Cet exemple est pris au hasard : les mythes concernant les enfers sont, plus que d'autres, hautement symboliques, et j'aurai à y revenir dans de futures publications (après le premier volume que constitue *Les cultes à Mystères* – paru chez Eclosion).

Aussi étrange qu'il puisse paraître à certains, les défunts possèdent bien un corps, qui est un corps de subsistance. Selon les traditions (et non par du channeling moderne), ce corps ne gère pas l'énergie de la même manière que le corps des vivants, mais par des symboles (qui sont les clés opératives dans le monde invisible), et ceci à son niveau de représentation : par exemple, il ne mange pas, sauf de la poussière (nous indiquent les mésopotamiens) pour les réprouvés, et il peut boire du nektar, boisson divine, pour les élus (selon les Grecs). De même, il ne crée ou ne procrée pas, mais peut se livrer à des activités (re)créatrices pour enrichir ses loisirs, bien que là encore, les œuvres qu'il peut élaborer n'auront pas d'existence propre et fertile, comme ce le serait dans le monde tangible.

Doté d'un corps de subsistance mais refusant de rejoindre les plans d'existence dégagés du temps et de l'espace, un défunt peut devenir ce qu'on appelle un fantôme. Désespé, il s'accroche à une cache dans la densité, refusant d'aller en régions éthérées. Cette volonté de rester en compagnie des vivants pourrait être le désir, pour certains animaux domestiques, de ne pas fuir les lieux et la présence des maîtres qu'ils ont aimé (ayant vu des fantômes de chiens et de chats, je suppose cette raison).

A partir du moment où mes chakras furent ouverts, et où je pus avoir accès au monde de l'énergétique, je commençais à voir dans l'invisible

---

Ce refus peut aussi provenir de la peur de la confrontation par son intérieur et son extérieur, dite aussi *Jugement des morts*. Ce sont donc (souvent ?) les défunts qui savent (à tort ou à raison) qu'ils ont à *perdre* dans ce jugement qui vont vouloir demeurer dans le monde de la densité, ici bas. Ils subissent un ennui qu'on pourrait qualifier de mortel, et en outre ils sont la proie d'entités et de parasites attaquant leurs dernières réserves d'énergie, dépouillant leurs ressources, transformant leur état en une longue épreuve de peurs, de désespoirs et de désirs impossibles à assouvir ou compenser. Lorsque à la fin ils sont expulsés ou propulsés vers des régions moins denses, ils ne pourraient que garder de leur période fantomatique ici bas dans la densité, un effroi supplémentaire qui les rendrait, dans leurs existences futures et à tous les niveaux, défiants et incertains.

Yves a aussi vu de ces formes, il le concède, mais il préfère évoquer son démon orange sale. Lorsque les fantômes bougent, les détails sont moins distincts, mais là il s'agissait d'épouvantails en haillons, habités par des *présences*...
Dessin Charles Imbert

Une histoire de médiumnité ? J'écris peu à la première personne, mes livres affichant un *nous*, distant et adéquat en place des *je*, nécessaires aux rares implications du narrateur : le lecteur peut-être associé, le rédacteur s'appuie sur des sources, plusieurs pensées peuvent se rejoindre, en somme le pluriel de la première personne traduit mieux la relation entre le soi et le Soi. Mais il me faudra ici parler de moi-même, si je veux bien expliquer ce qui fut vu. En fait, qu'ajouter à la description des trois premiers paragraphes de cet article ? Ou pourquoi l'écrire ? Parce qu'il faut procéder à deux constats, et en tirer des conséquences, que j'exposerai dans ma courte conclusion.

Premier constat, les fantômes existent. Ce sont des défunts habitant dans nos voisinages, et tout le monde peut les voir, médium ou pas.

Faut-il revenir sur mon cas pour expliquer que j'en vois un peu plus que la moyenne de nos concitoyens ? Des cimetières, j'en ai connu. Certains sont même reposants (c'est le cas de le dire). Pendant 8 ans, mes fenêtres (quand j'y étais) ont donné sur un cimetière. En ville, un cimetière proche, c'est de nos jours l'occasion d'avoir un espace vert sans surprises, sans foules dans les allées. Pendant tout le mois de novembre, les bouquets de chrysanthèmes en train de faner font des petits points de couleur, visibles de loin.

Et les défunts, ça court les rues. Lorsqu'on parle d'eux, ou de sujets les concernant, ils arrivent. Au moment où je tape ces lignes, ils lisent par dessus mon épaule. Suggestion et illusion ? Je me rappelle de mes formations en géobiologie et de nos maniements d'antenne de Lecher : nous pouvions les détecter avec nous dans une pièce, car on les trouve à 4,2 avec l'antenne de Lecher. Mais point n'était besoin de savoir s'ils étaient ici ou là : à partir du moment où on parle d'eux, ils peuvent être une demi-douzaine autour de vous.

Vous pouvez aussi les repérer au lobe-antenne (autre outil de radiesthésie). Parfois, se sachant repéré, l'esprit, l'entité, le fantôme essaie de se cacher, parfois en se condensant et en se collant à une forme noire, dans la pièce : à son tour de se sentir inquiété, problématisé.

Que veulent-ils, quand ils viennent ? Intérêt pour leur cas, informations, encouragements pour faire le voyage vers la lumière... « Libérer une seule âme vaut mieux que financer une pagode » dirait-on en Orient par un dicton que je n'ai jamais vérifié. Mais il faut bien voir, comprendre, saisir, que s'ils sont ici, et non dans le traditionnel séjour des morts, autrement dit s'ils ne sont pas à leur place, c'est qu'il y a *un problème*. D'autre part, si une personne est déséquilibrée dans ses énergies, elle peut perdre de celles-ci et craindre d'avoir des entités collées à elle pour en profiter... Ceci ouvre à d'autres cas et problématiques (la peur étant en soi déjà une porte ouverte).

J'ai aussi retrouvé l'arbre... Photo Charles Imbert

Second constat, on peut développer sa sensibilité, être médium, si on se l'autorise.

Ma médiumnité donc ? J'ai acheté mon premier Tarot de Marseille à l'âge de 16 ans, et tout de suite je m'en suis servi à des fins divinatoires. Pour me perfectionner, j'ai ensuite acheté des livres sur le Tarot, dont très peu étaient hors sujet, mais qui me permirent de constater que des variations, ou parfois des erreurs, pouvaient se glisser à propos d'un outil qui, somme toute, aurait dû, plus que bien d'autres, être fixé par l'usage. J'étais encouragé dans ces études parce que le Tarot, ça marchait. Cependant, je ne développais aucune compensation narcissique à me constater, en quelque sorte, doué (je suis donc toujours resté persuadé que tout le monde pourrait s'ouvrir à sa propre médiumnité, s'il voulait se l'avouer). Quoi qu'il en soit j'étais acquis à l'idée de l'existence du monde invisible, de processus invisibles (décriés et mal vus par les entourages), et de la possibilité de me perfectionner.

En 1996, je me plantais une fourchette dans la main et faillis en mourir de septicémie. Pendant mes heures sur mon lit d'hôpital, je dévorais l'*Enquête sur les anges gardiens*, de Pierre Jovanovic, qui était un best-seller à cette époque. A partir de cette date, un complet engagement se fit en moi pour à nouveau accélérer mes progrès sur le *chemin*. L'année suivante j'adhérais à IANDS-France, deux ans plus tard je me fis initier (ce que d'aucun disent avoir été une erreur). Dans les années qui suivirent, je pris de l'Ayahuesca, d'ailleurs avec Yves Le Maître (vers 2002, l'Aya n'était pas interdite en France), et j'eus l'occasion d'en reprendre – dans le Vaucluse ! – en compagnie d'expérienceurs d'EMI. Surtout je me fis *ouvrir les chakras*. Cette opération coûtait environ le prix d'un bon repas. Elle correspondait en fait à une initiation au Reiki, comme je le découvris par la suite. C'est d'ailleurs encore Yves Le Maître qui m'avait indiqué l'endroit et le groupe où je pourrais réaliser cette ouverture.

On me répondit que c'était le funérarium...

Je n'avais pas du tout prévu ou imaginé ce qui pourrait en découler. A partir du moment où mes chakras furent ouverts, et où je pus avoir accès au monde de l'énergétique, je commençais à voir dans l'invisible, non plus comme dans la lecture du Tarot, en face de symboles oraculaires facilitant les impressions (c'est à dire la connection du sentiment), mais dans la réalité. Je me souviens d'avoir, à Vénissieux, demandé à des amis quel pouvait être l'étrange monument visible depuis une avenue, de couleur naturelle, que je voyais quasi noir, ou ardoise, entouré d'une aura sombre. On me répondit que c'était le funérarium (le crématorium de Lyon est classé à l'inventaire des bâtiments remarquables du XXe siècle).

...les défunts font partie du Contrat Social qui lie tous les hommes entre eux.

Dans un sens, ce n'était pas une découverte, c'était l'amplification de sensations que j'avais toujours connues. Tout le monde est capable de percevoir les entités, j'en suis là aussi sûr par un sens d'évidence. De plus, celles-ci sont aisément repérables en radiesthésie (voir plus haut). Puisque le seul fait de parler des défunts, ou de penser à eux, les appelle, ils peuvent venir dans votre proximité à la vitesse de l'esprit, c'est-à-dire quasi instantanément. Ecrire cet article a pris du temps, car je ne pouvais l'écrire la nuit ou le soir venu : des lucifuges venant lire par dessus mon épaule, ils étaient dérangeants, occasionnant un trouble ou une pression dans le corps éthérique...

Conclusion : Puisque les défunts vivent parmi nous, que certains veulent nous aider (parfois) ou profiter de leur statut d'invisibilité pour retarder la corruption de leur dernier corps énergétique, ils font partie du *Contrat Social* qui lie tous les hommes entre eux. Ce *contrat* supposé, est quant au fond, on le sait, d'une ancienneté dépassant ses modernes présentateurs occidentaux du XVIIIe siècle. Il prétend que les hommes contractent une dette morale envers les institutions, cadres et héritages leur permettant d'être ce qu'ils sont. Cette dette est payée de respects, de services (c'est à dire d'obligations restreignant les libertés) d'hommages et parfois de conduites plus ou moins rituellisées.

Ainsi, donc, il serait plus que légitime, c'est à dire dans l'ordre du Tao, et dans l'ordre de la spiritualité en général (la quantification du plus que légitime s'appuyant alors sur la reconnaissance par plus 50% de la population du fait de respecter et honorer les défunts) d'ajouter un *petit quelque chose* supplémentaire, dans nos sociétés occidentales, pour prendre compte des défunts, de leurs apports et de leur rôle. Déposer un pot de fleurs le 1er Novembre n'est pas assez. Penser la mort est bien, penser à ses habitants est mieux.

Il faudrait même se poser la question de l'incidence d'avoir négligé, depuis deux siècles, en Occident, tous les défunts, en se contentant de subsistances de rituels funéraires. Les défunts furent niés, déniés, et il fut prétendu que le Grand Mort (qui autrefois fut le Christ, après avoir été Aïdonéus) c'était... la Nature. Nous faire vivre dans une nature spirituellement morte, dans une spiritualité résultante de la chimie et de l'échange chimico-électrique, voilà dans quoi on nous engage à sympathiser. Si on se rend compte que les morts sont vivants, alors tout s'inverse...

Yves Le Maître et Charles Imbert

FUTURES PROBLÉMATIQUES DE LA NDE

La recherche est toujours d'actualité...

Charles Imbert

Contrairement à ce que certains pourraient croire, la recherche sur la NDE ne souffre pas d'une certaine lassitude. Même si, cet été, de nouvelles attaques ont été suggérées, en particulier avec la suggestion que la DMT (une molécule aux effets hallucinogènes) pourrait produire des *effets similaires* à la NDE (titre abusif pratiquant l'amalgame, comme aux anciens jours du scientisme borné), la problématique des EMI/NDE n'est pas exsangue.

La NDE et Après ?

Au fil de nos réunions à IANDS-France, ces dernières années (je ne ferai pas l'indiscrétion d'en faire un réel compte rendu... Cependant ces réunions ne comptent à présent plus que des expérienceurs, et quelques chercheurs, à l'exclusion en général de sympathisants, même s'ils sont journalistes ou éditeurs), la question de « La NDE et après » est évoqué assez souvent comme champ d'étude ouvert, qu'il faudrait investiguer. Cette question, chez les chercheurs, signifie « Que s'est-il passé ensuite dans la vie d'un expérienceur/ceuse ? ». Cette question bute, sinon sur des méthodologies, du moins en premier lieu sur la possibilité d'une enquête ; autant une relation de NDE/EMI est spécifique en soi, recevable en entier avec sa part nécessaire de subjectivité, autant un récit auto-biographique sur les années suivant une NDE sera immensément flou, sans critères, et bien davantage que subjectif ; là, les témoignages nous renseignent peu.

De plus, cette question pourrait surtout se doubler de la nécessaire question : « La NDE et avant ? » (avec les mêmes difficultés). Pourquoi fait-on une NDE ? On ne sait toujours pas... Et pourtant, dans la Nature, rien n'est sans raison.

Loin de baisser les bras à ce constat, il semble, à plusieurs membres ou ex-membres de IANDS (Yves Le Maître fut un membre actif, organisateur de rencontres, aide bénévole appréciée, attentif aux apports d'intervenants extérieurs comme le docteur Larcher) depuis longtemps, que la NDE/EMI devait être reconsidérée d'une manière large, incluant son "message", et que c'est par une prise en compte globale que les nouvelles questions pouvaient se poser.

L'Histoire de la recherche en NDE-EMI

Avant de revenir sur cette question, il conviendrait aussi d'envisager deux autres points importants, que sont les NDE/EMI négatives, dont je vais parler, et l'Histoire même de la recherche en NDE.

En effet, si on considère que le coup d'envoi de la recherche moderne sur les NDE commence avec la parution en 1973 du livre de Raymond Moody *La vie après la vie*, nous comptons ainsi 45 ans de recherche, et ceci en soi est plus que respectable, induisant la question « Mais au fait, qu'est ce qui s'est passé ? ».

Il conviendrait de retracer le milieu d'origine, la genèse, les sources de la problématique, puis de citer les grandes étapes et grandes figures (pas toutes anglo-saxonnes) et surtout de compter les apports. Oublier ou négliger ce qui a été amené laisserait courir le risque de répétitions plus ou moins problématiques (…). Nous appelons donc de nos vœux la parution d'une monographie sur la recherche en NDE/EMI, et un tel ouvrage n'existant pas encore chez les anglo-saxons, il serait appréciable d'y voir figurer la recherche française en due part.

Revoir le critère de la Mort Imminente

Reconsidérer les NDE/EMI ? En effet, la simple expérience de la fréquentation de dizaines d'expérienceurs, ou simplement l'étude des témoignages, amène à une première conclusion ahurissante, qu'il faudra donc poser après 45 ans d'études : la Très Grande Majorité des expériences de mort imminente se sont produites alors que la mort n'était pas du tout imminente, pour ne pas dire « pas du tout en cause ».

Serait-ce un séisme ? Pas du tout. Les chercheurs l'ont toujours su, mais sont restés centrés sur la globalité du phénomène et ses points cruciaux ou caractéristiques (sortie du corps, revue de vie, rencontre d'entités ou de défunts, etc.) dont en fait, la mort imminente n'était qu'une des composantes.

Fallait-il considérer une prévalence de la mort imminente ? Même pas. Comme je viens de le dire, ce que l'on nomme Expérience de Mort imminente, si spécifique, se rencontre en plus que grande majorité sans condition de mort associée.

Un chercheur comme l'éminent Stanilas Grof en produisit même le concept d'Emergence Spirituelle (le vocable français rend assez peu compte du jeu de mot anglais basé sur Emergency, qui signifie à la fois émergence et urgence). Cependant, par respect pour ses collègues, il ne poussa pas très avant son concept de *Spiritual Emergency*. Chez Grof, cependant, l'expérience de Mort Imminente est surtout envisagée comme une confrontation sauvage, soudaine, irrépressible (il ne conclut pas au nécessaire).

A vrai dire, les anglo-saxons ont poussé et présenté des conclusions, mais celles-ci sont restées en général très peu relayées par les médias. Les livres de Kenneth-Ring, co-fondateur de IANDS-USA, en particulier, ont très tôt introduit (*Heading Toward Omega* fut publié en1985) une finalité spirituelle poussée. Les travaux de Bruce Greyson, très éminent spécialiste, abordaient eux aussi les rapports avec le mysticisme, dès les années 80, soit une dizaine d'année après le séisme créé par les ouvrages de Raymond Moody.

Simplement, ces communications et de tels 'statements' étaient irrecevables par l'establishment scientifique. Les médias étaient autorisés à reprendre les données de Moody (celles qui sont toujours ressassées depuis 45 ans), non à rebondir sur les étranges travaux de Melvin Morse (la NDE chez les enfants) ou Phyllis Atwater (mémoires du futur, etc.).

L'ennui, c'est évidemment que les NDE sont des expériences mystiques dans tous les sens du terme : réservées à quelques-uns, ineffables au fond, incommunicables, et bien sûr traitant – très souvent – de la mort ou de certaines de ses conditions connues par diverses traditions. Les caractères mystiques traditionnels sont en fait le seul point commun à toutes ces expériences, et la mort reste en fait l'horizon de cette expérience, car des quantités de *messages* ou de conclusions lui sont rapportées.

NDE/EMI positives et négatives

Il convient de signaler qu'une très bonne citation sur les NDE négatives, parue sous la plume d'Evelyne Sarah Mercier, dans le n°5 des *Cahiers de LANDS-France*, fut complétée par elle, pour signaler leur reconnaissance et marginalisation, et l'hypothèse de la régression, dans le n°8 des mêmes *Cahiers de LANDS-France*, avec une liste importante de diverses références. Aucun chercheur voulant aborder ces domaines ne devrait négliger ces premiers apports.

En repartant de l'écoute des expériences proprement dites, il m'est apparu, il y a une dizaine d'années, qu'elles se rangeaient toutes en quatre types d'approches d'une expérience sommitale, d'une rencontre avec l'ineffable ou l'indicible. Pour ne pas faire de longs discours, il y a la rencontre avec la Connaissance universelle, la rencontre avec l'Amour, la rencontre avec la Lumière et la rencontre dite de Fusion avec l'Universel. J'ai déjà expliqué dans mes ouvrages à quelles questions de l'échelle de Greyson ces expériences correspondaient, sans avoir été regroupées dans une typologie dont je me fais l'écho. En fait, ces expériences de rencontre sous différents aspects, lorsqu'elles sont poussées, finissent par revenir à la même impression ou sensation (et là, on ne peut que ressentir soi-même ces approches) : la fusion confère un sentiment d'amour, de même que la connaissance entraine un sentiment de confiance, de confidence menant à l'Amour, et celui-ci rayonne comme de la Lumière. Il s'agit donc de quatre facettes d'un même état : le divin.

...on canalise quatre variétés différentes de Chi...

Ces quatre faces ou aspects sont, de toutes façons, projetées dans la réalité, puisque les Mésopotamiens, entre autres inventions capitales de la fin du Néolithique (musique, alphabet, écriture, monnaie, etc.) surent discerner leurs projections dans les référentiels géographiques. Tout ceci a été tellement oublié et occulté, refoulé dans les *connaissances intéressantes mais de peu d'utilité pratique* qu'en entendre aujourd'hui parler fait l'effet de quelque chose de nouveau, alors que le fil rouge en a toujours existé, à divers niveaux, dans les connaissances humaines dites initiatiques, occultes ou ésotériques.

Je profiterai de cet article pour mentionner deux prolongations à ces quatre facettes :
1) Le Bouddha demanda à deux jeunes Brahmanes quelles étaient les qualités de Brahma ; celles-ci furent ensuite enseignées par le Bouddha comme la voie vers Brahma, les Brahmavihàra, les Quatre incommensurables : Bienveillance, Compassion, Joie altruiste et equanimité. Il ne sera pas difficile d'y reconnaître Amour, Fusion participante, Rayonnement lumineux et Sérénité de la connaissance.
2) Il existe quatre capacités médiumniques distinctes. La Conscience donne le coaching : directions et conseils ; l'Amour confère les sympathies, ententes et conciliations ; la Vie donne les guérisons et thaumaturgies ; la Lumière donne la voyance dans le futur.

Il faudrait ainsi considérer qu'on canalise quatre variétés différentes de Chi. Je ne commenterai pas plus : nous parlions des NDE.

L'étude des cas des NDE dites négatives fait ressortir un exact inverse de ces facettes, et rangent elles-mêmes leurs caractéristiques par rapport aux données positives : Il s'agit de moqueries, de vexations ou menaces, d'odeurs dégoûtantes, qui sont à l'inverse de l'amour, et aussi de non-sens et désorientations correspondant à la non connaissance, tandis que règne une obscurité – parfois froide –, tout à fait au contraire de la Lumière. Enfin, il s'agit d'isolement dans le vide profond, ou de sentiments de noyades dans des flux amers, à l'inverse de la fusion.

Le phénomène de l'inversion est connu par les ésotériciens sérieux, reconnaissable par exemple dans les caractères (qu'ils soient totémiques ou cosmologiques). La NDE négative est une sorte de *bad trip*, d'expérience qui devrait être extatique mais qui, pour des raisons subtiles, prend une mauvaise orientation.

Traditionnellement, les professionnels de ces mises en état que sont les chamanes recommandent des précautions : rituels et aides lors du passage en transgression, d'une part, et purifications symboliques et biologiques, d'autre part.

J'en discuterai avec davantage d'apports et de précisions dans mes futurs ouvrages consacrés aux conditions de la mort et de la survivance. Ces deux mentions, mort et survivance, serviront d'ailleurs de passage vers ma conclusion.

Conclusion

La Mort est indissolublement liée aux NDE/EMI, non seulement par sa désignation ou son historique, mais aussi parce que son "message" (qu'il faudrait lui aussi reprendre et dégager) en traite directement. Contrairement aux contemplations de figures divines (souvent colorées culturellement, comme nous l'avons indiqué en parlant des archétypes), la NDE propose une excursion et la rencontre de divers épisodes confrontants, dont par exemple la revue de vie. Elle est souvent une annonce directe du "pas maintenant" et du renvoi à une mission de vie qui est d'abord, de vivre, et aussi d'aimer (quant au sens de la vie, qui est d'être en conscience un traducteur de l'inconscient et du chaos, chacun en aura sa propre… responsabilité).

Charles Imbert

ACTUALITES

Ce numéro paraîtra fin Septembre 2018, assez tôt pour faire écho au 11ᵉ Congrès francophone Médecine & Spiritualité, qui se tiendra au Luxembourg le 20 et 21 Octobre 2018. Nous reproduisons ci-après le communiqué de l'**Année dernière** des organisateurs de cet événement, Belge au départ, devenu francophone...

Médecine et Spiritualité

« La médecine évolue sans cesse. Chaque année nous découvrons de nouveaux traitements, de nouveaux médicaments, de nouvelles techniques chirurgicales, de nouveaux vaccins... . Tout est basé sur la guérison des maladies ou des troubles d'origines diverses.

Les causes d'un grand nombre de maladies existantes sont déjà connues, d'autres sont encore à découvrir. Nous connaissons le rôle de l'alimentation, du stress et des aspects environnementaux sur notre santé. Mais la médecine ne prend pas encore en compte un aspect très important, parfois même nié, de la cause des maladies, l'aspect spirituel de l'être humain.

Des conférenciers du Brésil et d'Europe, aux pratiques médicales diverses, axées sur la recherche scientifique, aborderont cet aspect, en tentant de démontrer l'importance de cette vision en matière de santé.

Lors de ces deux jours de congrès, nous parlerons des preuves que la science médicale offre en appui de cette union entre la spiritualité et la santé. Nous aborderons également la place que la spiritualité doit avoir dans le traitement des troubles mentaux.

Après avoir montré tous les efforts réalisés pour l'humanisation de la médecine, afin de passer cet idéal aux nouvelles générations, nous parlerons de la façon d'intégrer la dimension spirituelle dans la formation des professionnels de la santé. Nous mettrons l'accent sur le côté humain du médecin lui-même.

Quoi qu'il en soit, nous n'aurons pendant ces deux jours, qu'une vision condensée des études réalisées.

Si vous êtes *un docteur* ou que vous travaillez dans le domaine des soins de santé et que vous souhaitez en savoir plus sur ce sujet, si vous aimez dialoguer et échanger des idées constructives, venez nous rejoindre au 10ᵉ Congrès de Médecine & Spiritualité qui aura lieu à Bruxelles les 28 & 29 octobre prochain à l'Hôtel Marivaux.

Au cours de ce congrès, l'importance de la relation « Médecine & Spiritualité » sera mise en évidence. Une nouvelle lumière viendra nous éclairer sur l'origine de certaines maladies qui, jusqu'à présent, nous était inconnue.

Nos pensées, nos croyances, nos actions, notre façon de voir les choses au quotidien ont une influence capitale sur notre santé et cela n'est pas pris en compte.

Les médecins et chercheurs présents à notre congrès commencent à comprendre et à démontrer, avec des bases solides, les influences spirituelles, positives et négatives, sur notre état de santé.

La médecine actuelle n'a pas encore tous les éléments en sa possession pour déterminer la cause de toutes les maladies et comment atteindre la santé.

Ces conférenciers et conférencières, en se basant sur des études scientifiques, avec leur courage et leur expérience, seront présents pour nous expliquer et nous montrer une vision holistique de l'être immortel que nous sommes. Ils nous parleront de la relation qui existe entre la Médecine et la Spiritualité et nous présenteront un nouveau paradigme médical pour la santé ! »

Les organisateurs.

A signaler, deux annonces médiatiques reprises cet été, l'une marquant une nouvelle manifestation de tendances obscurantistes, l'autre laissant espérer des perspectives positives :

• – Sous le titre raccoleur « Selon ces chercheurs, la DMT produit le même effet qu'une expérience de mort imminente » est parue daté du 17/08/2018 la traduction en français d'un article de "Frontiers in Psychology", largement diffusée sur internet. Revoici donc une attaque outrancière, composée de l'amalgame de nombreux contresens, comme on en a vu depuis plus 40 ans (attaques toujours démenties sans que rien n'y fasse), et visant à traduire l'EMI comme une hallucination... Souvenez-vous en : les réductionnistes et nihilistes ne désarment jamais.

• – Le Dr Steven Laureys, neurologue du Coma Group (partenaire de IANDS-France), auteur d'*Un si brillant cerveau* (Odile Jacob - 2015), passé sur la RTBF en mars 2018, a rappelé au sujet du Coma et des 2,5 millions de trauma crâniens par an en Europe : « La conscience des personnes dans le coma a souvent été sous-estimée », précisant que 40% des personnes en état dit végétatif (pour lui *éveil non répondant*) ont en fait des signes de conscience.

Dans les actualités et non dans les critiques littéraires (puisque personne à Un Temps n'en a réalisé la critique), la parution, datant du premier semestre 2018, du récent livre de Jocelin Morisson, l'*Ultime convergence*. Jocelin étant un acteur et un observateur attentif du panorama paranormal/spiritualités, nous pouvions signaler cet ouvrage (dont on peut consulter quelques pages sur Internet). Un petit texte de présentation assez clair nous est surtout parvenu :

L'Ultime Convergence
Quelle spiritualité pour éviter le chaos ?
Jocelin Morisson
Guy Trédaniel - 2018

De quelle convergence s'agit-il, et en quoi est-elle ultime ? L'auteur part d'une critique argumentée du capitalisme financier dérégulé pour dénoncer et regretter une absence fondamentale d'éthique dans les rapports humains. Elle serait selon lui le fruit d'une méconnaissance profonde de notre véritable nature et, par suite, de notre rapport à la nature. L'exploration des dommages sociétaux qui en découlent conduit aux réflexions des neurosciences et de la physique quantique sur la question de la conscience, qui elle-même implique un détour par les philosophies occidentales et orientales. On termine par une évocation poussée d'exemples de transformations sociétales à bas bruit qui montrent qu'il est possible de changer le monde sans passer par la tabula rasa, à condition de travailler d'abord à se changer soi-même. C'est donc la science, la philosophie et la spiritualité qui convergent vers la reconnaissance, ultime, de l'unité fondamentale du monde.

TEMOIGNAGE DE CŒUR ET D'ÂME :

Moi, Dominique JEAMPIERRE médium canal et passeuse d'âmes
Dominique JEAMPIERRE - Coach et Thérapeuthe

*Apprendre à s'aider,
à céder et à s'aimer….
Dans l'un fini des possibles*

*Aider l'autre est une très belle démarche
mais il faut commencer
par s'aider soi-m'aime…*

Comment devient-on médium ou comment en reconnaître les signes ?

D'entre nous tous, beaucoup se sont cachés de qui ils étaient, car trop pourchassés au fil des âges. Aller dans la médiumnité c'est aussi accepter de se regarder en face dans sa lumière comme dans ses ombres.

Beaucoup se sont punis de qui ils ont été ou justement pas été (pardon à mon âme) en s'infligeant parfois de très grandes souffrances ; pour pouvoir être un canal il faut nettoyer son propre terrain intérieur (un terre rieur).

Il est important qu'un médium soit bien aligné en lui-même pour pouvoir canaliser des messages de lumière et pas ceux de l'ombre : c'est une aventure de chaque instant (l'un se tend !)

Être médium et se reconnaître …

Quand au fond de soi on se refuse à être qui on est, on met en place, sans même s'en rendre compte, tout un tas de systèmes bloquants : entraves familiales, matérielles etc…

Ça peut s'avérer très efficace et rester en place très longtemps et pendant de nombreuses incarnations.

Sans oublier tous les serments et autres abjurations, renonciations à ses pratiques et savoirs d'autrefois que nous avons fait souvent sous la contrainte voire dans les pires conditions de supplices des différents ordres religieux (inquisition et autres réjouissances…).

Mais la vie tôt ou tard nous ramène à nos réalités… Comme les vagues de l'océan qui viennent peu à peu s'écraser à nos pieds, éroder nos résistances et nous renverser, pour mieux nous relever !

Depuis très longtemps j'avais tendance à raconter spontanément leur vie aux gens qui jalonnaient mon chemin (même avec une simple photo ou un prénom...) à leur dire tout un tas de choses sur eux ; comment ils étaient, ce qui est leur chemin de vie, ce que je les voyais faire à l'avenir etc. (un monsieur un jour m'a même demandé ironiquement : « combien je chausse ? »)

Mais de quel droit se permettre de 'balancer' à l'autre ce qu'on croit être 'sa vérité' ?

Pourquoi envoyer ces informations à l'autre s'il n'en fait pas la demande explicite ?

C'est une des difficultés majeures du médium : recevoir le message et savoir le gérer.... Car après tout, qui est-on pour raconter tout cela à l'autre ? Et surtout quid de la marge d'erreur ?

Voir le passé, parfois très passé (ou trépassé), le karma, ce qui est, ce qui sera.... Ça fait beaucoup pour une seule personne... Alors que faire de ces informations ? Et est-il utile et bénéfique de 'tout dire' ?

La solitude du médium est bien connue des gens de cette famille d'âmes. Le fait d'être ... n'est pas si confortable : on peut être celui qui initie mais aussi celui qui dérange.

J'ai aussi mis du temps cependant à valider le fait que ce n'était pas le talent de tout le monde (de façon innée je dirai, même si dans l'absolu nous avons tous cela en nous mais qu'il convient de le laisser grandir) et qu'il fallait bien que je me rende à l'évidence que ces dons de clairvoyance, de médiumnité qui s'expansaient en moi depuis toujours étaient un cadeau de la vie... pas toujours facile à gérer, car il faut d'abord savoir l'accepter.

J'avais trop tendance à croire que tous étaient comme moi, nostalgie d'un autre monde ?

Il est vrai que quand on vit cela dès son plus jeune âge, ça représente quelques difficultés, et ça peut parfois être très déstabilisant. Car l'enracinement à la terre n'est pas encore suffisant et cela peut induire de grandes souffrances, des sentiments de ne pas *être d'ici*, rarement faciles à canaliser, voire de l'instabilité psychique..

Une fois qu'on a fait le constat de cela il y a la difficulté de savoir comment vivre avec, et comment en user sans en abuser. Cela peut être très pesant de percevoir l'autre d'une façon aussi fine pour soi comme pour l'autre car on a sans cesse le sentiment de travailler, de ne jamais se reposer et l'autre peut avoir la désagréable sensation d'être intrusé.

Donc si on ne sait s'y prendre, ça peut devenir très vite un poison.

Cela peut parfois prendre du temps, cela peut être une véritable souffrance que de ne pas se reconnaître pour qui on est, et plus particulièrement quand on a quelques ressentis peu ordinaires !

Bien souvent le médium passe par des épreuves afin de se trouver ou se retrouver (NDE/EMI, comas, crise de vie, accidents, maladie... la liste peut être longue quand on se refuse à être), cela peut représenter une véritable initiation, voire un chemin de croix !

Certains même y perdent la raison...

J'ai croisé beaucoup de médiums en souffrance sur ma route... peu épanouis dans leur vie

...le soleil a ouvert ce jour-là comme une colonne de lumière jusqu'au sol...   Photo Dominique Jeampierre

d'êtres humains car comme suspendus entre le ciel et la terre...

Il n'est pas si simple d'être celui ou celle par qui le message arrive !

L'idée étant d'être simplement canal sans s'arroger le moindre pouvoir... nul besoin de pouvoir pour être messager ... juste être et accueillir... mais pouvons-nous écouter nos intuitions et rien d'autre ?

Le libre-arbitre est le meilleur compagnon du médium (ah ... enfin un compagnon car on peut vite se sentir seul quand on est comme on naît !) tant pour celui qui va canaliser l'information que pour celui à qui on va la délivrer... moins on est dans l'égo et mieux c'est ! Nous ne sommes pas des sauveurs, que diable !

---
très peu de gens s'aiment (eux-mêmes)

La solitude du médium est bien connue des gens de cette famille d'âmes. Le fait d'être un miroir de l'autre n'est pas si confortable : on peut être celui qui initie mais aussi celui qui dérange. Il y a entre autre une vraie responsabilité à être médium et transmettre les messages que l'on canalise.

Il convient de veiller à ne pas se faire l'oiseau de mauvais augure ni donner de faux espoirs et bien être conscient de l'impact que ça peut avoir sur l'autre.

Il est très important d'approcher l'idée (et se l'accrocher au-dessus de son miroir !) que ce que nous pouvons voir pour l'autre n'est qu'un futur possible et l'en informer et en conséquence veiller à ne pas contribuer à conditionner son avenir (qui est en mouvement de plus en plus rapide) car une personne en questionnement est parfois fragile et influençable et elle risque, si vous n'y prenez garde, de rester complètement collée à votre définition de sa vie et de demeurer en situation d'attente et ce n'est pas du tout de ça dont elle a besoin !

Mais beaucoup attendent une solution à leur problème…nombreux sont ceux qui aimeraient qu'on les sauve… mais de qui peut-on être sauvé si ce n'est de soi-même ?

Car le bonheur est quelque chose qui se cultive souvent en semant sur un chemin qui est rarement tout droit.

Trop souvent dans nos processus de vie nous oublions de tenir compte de ce que la vie a à nous apprendre.

La plupart du temps quand on consulte un médium c'est que le passé ne nous a pas donné satisfaction et qu'on n'est pas forcément très bien dans le présent… on aimerait pouvoir conditionner son futur et ne voir venir à nous que ce qu'on pense être de bonnes nouvelles.

Un des premiers constats que l'on peut faire quand on est médium et quelque peu éclairé c'est que très peu de gens s'aiment (eux-mêmes) et que par conséquent ils ne s'autorisent pas le bonheur puisqu'ils se considèrent comme des victimes…

…on consulte un médium pour avoir les réponses aux questions or il est important de savoir que les réponses sont essentiellement en nous…

Très peu s'envisagent comme étant responsables de leur propre vie.

Avec cette vision de son existence on a toutes les chances en effet d'errer de situation d'échec en situation d'échec.

C'est précisément à ce moment-là qu'on va faire intervenir un médium… si seulement ça pouvait être la solution miracle ! Le médium va guider éclairer… s'il annonce les bonnes choses et qu'elles se produisent on va le trouver doué et l'encenser… s'il s'est trompé on dira peut-être qu'il ne vaut rien…

Mais rarement on va se poser la question du pourquoi ça n'a pas fonctionné et de sa propre part de responsabilité dans ce scénario.

Ce qui est primordial c'est que chacun reste le maître de sa propre existence, sans relation de dépendance à un éventuel messager ; un médium est un éclaireur à la croisée des chemins et c'est tout ce qu'il lui faut être : nul ne peut décider de ce qui incombe à chacun, on consulte un médium pour avoir les réponses aux questions or il est important de savoir que les réponses sont essentiellement en nous, le médium est là pour nous rappeler qui nous sommes ; s'il vous dit qu'il sait tout, voit tout et a la solution à tout… sans doute auriez-vous meilleure destinée à passer votre chemin !

Car le créateur, scénariste, réalisateur, acteur de votre vie…. c'est vous !

La médiumnité fait appel au centre de la vision éclairée, mais elle fait appel aussi au coeur, à la spiritualité, cela demande une véritable éthique et un engagement pour soi, pour l'autre ; il y a quelque chose qui relève d'une certaine façon de la 'mission de vie'.

Je me dois de souligner par ailleurs que le fait de solliciter trop souvent les défunts contribue à les maintenir dans ce plan d'existence et que ce n'est cependant pas leur place

---

La médiumnité peut permettre de fabuleux voyages : il est possible de se connecter à d'autres âmes qu'elles soient incarnées, ou pas, en d'autres lieux ou en d'autres temps, dans les inframondes, glisser très loin sur ce plan d'existence ou sur d'autres, s'immerger dans les vies antérieures (annales akashiques) etc... car ce qu'on croit être des limites n'en sont pas en réalité, les notions d'espace et de temps ne sont que des concepts, entre ce que nous pensons être notre monde incarné et les autres dimensions, entre le manifesté et le non-manifesté il n'y a qu'un voile, qui n'est autre que celui de notre conscience et de son ouverture aux possibles : il serait bon pour l'humanité de peu à peu envisager que l'impossible puisse devenir un possible, que nous sommes résolument de grands voyageurs dans les divers plans de conscience et les taux vibratoires, même si encore bon nombre d'entre-nous n'ont pas réintégré leur gps intérieur (un terre rieur).

Il n'est pas toujours facile de parler à l'âme d'un défunt certains s'y emploient pour le sensationnel ou pour en obtenir quelque chose mais ce dont une âme a le plus besoin c'est d'amour, qu'on soit à son écoute, qu'on cherche à l'accueillir de façon inconditionnelle.

Et qu'on s'ouvre aux messages qu'elle tente de nous transmettre.

En tant que passeuse d'âmes, il m'est arrivé de rencontrer toutes sortes de situations.

Il faut savoir que quand une âme se maintient sur le plan terrestre elle peut occuper l'espace vital ou bien se 'coller' à une personne de façon très invasive, à la hauteur de son refus de quitter ce qu'elle croit encore être 'sa vie', et il convient alors de parlementer, voire *négocier*, mais ce n'est pas toujours possible, certains se refusent purement et simplement à quitter les lieux.

Je me souviens d'une propriété où le père de famille s'était lui-même donné la mort par pendaison (je souhaite aussi préciser que les drames de ce type s'inscrivent dans la mémoire du clan et que non seulement le lieu du décès risque d'être pollué énergétiquement mais qu'il y aura aussi un travail de nettoyage à faire au niveau des mémoires cellulaires/enfermements des membres de la famille en lien avec cet aïeul, déprogrammation/reprogrammation de l'adn, j'y reviendrai lors d'un prochain article).

Le fils qui avait racheté cette maison à sa mère et y avait fondé son foyer entendait depuis lors son père marcher dans l'escalier toutes les nuits ; parti dans une souffrance non transmutée son âme n'avait pu trouver le repos.

Quand je suis entrée dans ce lieu qu'on m'avait alors demandé d'harmoniser j'ai ressenti beaucoup de colère dans la présence de cette entité qui me manifestait ainsi son courroux à être *dérangée*, et j'ai difficilement pu aller au-delà de quelques pas dans la pièce dans un premier temps.

Oui, mais voilà… la place d'un défunt n'est pas parmi les vivants, et il fallait que peu à peu je parvienne à communiquer paisiblement avec cet être et l'inviter à rejoindre des plans plus élevés.

C'est le petit enfant de la famille qui me donna le sésame (les enfants sont très sensibles à la présence des entités, car ils ne luttent pas : cela peut être très polluant pour eux et induire des troubles du sommeil, du comportement, de santé… ce qui était justement le cas de ce petit de 2 ans) il répétait sans cesse « photo, photo » en me montrant sa photo aimantée sur le frigo : C'était la formule magique ! J'ai réclamé illico une photo du monsieur décédé à son fils, et ça m'a permis d'entrer en contact de façon beaucoup plus douce avec l'âme du papa… j'ai ressenti dans sa présence beaucoup de culpabilité à ce moment-là, puis une tristesse infinie qui descendait sur moi, c'était pesant mais non écrasant. Je continuais alors à œuvrer en intentions de lumière et de paix,

en paroles guérisseuses, offrandes de lumière et prières… puis peu à peu la charge s'atténuait jusqu'à se libérer pour ensuite exprimer de la compassion, et la vibration continuait à monter jusqu'à offrir la protection : ce fut un moment de grande émotion, car en étant médium on canalise tout cela dans ses ressentis, et c'est un authentique voyage à travers les sphères : je sentais l'être ascensionner au fur et à mesure… c'était juste fabuleux !

C'est seulement quelques heures après avoir quitté ce lieu que j'ai pu réaliser le cliché de paysage que j'ai fait de façon spontanée : le soleil a ouvert ce jour-là comme une colonne de lumière jusqu'au sol en illuminant le chemin et j'entendais le mot 'gratitude' comme soufflé par le vent ce fut un moment très particulier.

Moins celui qui doit nous quitter est en paix avec cette idée de partir et moins c'est facile pour son âme de trouver la voie vers la lumière, d'où le rôle essentiel du passeur pour atteindre l'autre rive.

C'est quelque chose de très puissant, une satisfaction très forte que de pouvoir accompagner quelqu'un vers la lumière il n'y a pas de mot qui puisse décrire cela : cet amour, cette reconnaissance qui nous vient de 'là-haut' c'est quelque chose de magique comme si le ciel vous souriait.

Il n'y a que l'amour sans condition qui puisse ouvrir ce chemin et permettre le passage vers d'autres espaces vibratoires plus élevés.

Je me dois de souligner par ailleurs que le fait de solliciter trop souvent les défunts contribue à les maintenir dans ce plan d'existence et que ce n'est cependant pas leur place ; ils ont besoin pour pouvoir s'élever vers leurs nouvelles réalités que nous acceptions leur départ et que nous les aimions de façon inconditionnelle... pour eux et pas seulement pour nous.

S'ils ont à se manifester à nous ils ne manqueront pas de le faire, à leur façon, il convient aussi de savoir décoder les signes.

Les traditions de certains peuples de faire la fête autour du cercueil n'étaient pas vaines, elles contribuaient à alléger les vibrations de chacun pour libérer plus rapidement l'âme du défunt.

Il ne faut pas oublier que le départ d'un être cher ou d'un proche peut-être une souffrance pour ceux qui demeurent sur la terre mais il peut être aussi difficile pour celui qui quitte la vie d'accepter ce qui lui arrive, mourir à cette vie n'est pas toujours chose aisée, d'autant plus que dans la plupart de nos cultures occidentales, on est peu enclins à se laisser aller au lâcher prise et à l'accueil de ce qui est. J'ai souvent pu constater que d'une manière ou d'une autre l'âme du défunt répond à la demande implicite du clan.

Moins celui qui doit nous quitter est en paix avec cette idée de partir et moins c'est facile pour son âme de trouver la voie vers la lumière, d'où le rôle essentiel du passeur pour atteindre l'autre rive.

Il est important d'essayer de prendre du recul pour peu à peu s'exercer à avoir une vue globale de la vie, parvenir à envisager notre existence sur la terre comme un passage, comme un moyen d'expérimenter dans nos âmes et dans nos chairs ce que nous avons choisi de vivre, et nullement comme une fin.

Et si alors la vie sur Terre ne devient qu'un passage (pour un pas sage) il n'y a pas réellement de début ni de fin, et donc plus de raison à la souffrance à vivre le départ de la vie terrestre.

Il est très important de respecter la volonté du défunt d'avoir quitté la vie et de se dire que le moment que son âme a choisi est forcément celui qui lui convient, quand bien même son ego ne s'y soumettrait pas aisément.

Il est plus que jamais primordial dans ces différentes phases de lui manifester de la joie, du bonheur, de l'amour, de la compassion autant qu'il nous est possible pour l'aider à s'élever encore plus haut dans son nouveau plan d'existence. Les traditions de certains peuples de faire la fête autour du cercueil n'étaient pas vaines, elles contribuaient à alléger les vibrations de chacun pour libérer plus rapidement l'âme du défunt.

Il est essentiel d'autoriser et d'aider l'âme à faire son deuil de la vie terrestre, ce peut être en réalité une grande souffrance que de quitter ce plan d'existence si on n'a pas réalisé ce qu'on souhaitait y faire ou si de grandes épreuves ont été vécues pendant son passage sur la terre.

On peut considérer que plus le départ est lourd, douloureux et difficile et plus l'âme aura du mal à s'élever.

Aimer l'autre c'est aussi accepter que son chemin puisse être cahotique et bouleversé, car c'est la voie que l'âme souhaite emprunter pour son apprentissage (apprenti sage).

N'oublions pas que l'autre étant notre miroir sa mort à la vie terrestre nous ramène toujours à l'idée de notre propre fin (qui n'en est définitivement pas une !) : plus nous parviendrons à accepter cette autre dimension pour nous-mêmes et plus le départ de l'autre sera facilité.

Car en réalité tout est lié, la mort n'est qu'un passage (un pas sage devrais-je dire !) d'une pièce à une autre de la maison, rien n'est dissocié, rien ne meurt, nous ne sommes pas séparés… nous avons juste l'illusion de l'être, ce n'est qu'une vue de notre mental, qui a été cultivée par beaucoup d'enseignements éducatifs ou religieux.

Il est temps que nous ouvrions nos consciences à nos différents plans d'existence.

Il est temps que nous OEUVRIONS POUR ET NE LUTTIONS PLUS CONTRE !

La mort est une porte de l'éveil au même titre que tous les changements de cycle de nos vies…

Soyons infiniment vivants !

Je nous aime,
Dominique JEAMPIERRE (je âme pierre)

Dominique JEAMPIERRE Coach de Vie
Médium Energéticienne, passeuse d'âmes,
est également Consultante, Conférencière et Formatrice.

Médium depuis sa plus tendre enfance il lui aura fallu des années pour reconnaître ses aptitudes. Dès son plus jeune âge elle avait des perceptions hors du commun sans parvenir à mettre des mots sur ses ressentis. Elle éclairait spontanément le chemin de qui elle croisait sur sa route. Au fil du temps ses dons se sont affinés : plus elle accueillait sa nature et puis elle était en mesure de développer ses capacités et de voir les choses : secrets de famille, liens transgénérationnels, vies antérieures, noeuds karmiques. ses guidances humanistes et thérapeutiques sont devenues une véritable feuille de route pour avancer dans tous les domaines de sa vie. Par ses recherches et pratiques elle s'est aussi spécialisée dans l'approche matricielle et quantique, disposant ainsi de véritables outils de transmutation.
Installée en cabinet libéral sur la ville de Roanne, elle reçoit en consultations privées à son cabinet ou par téléphone et par Skype sur la France entière (et étranger) et au cours de ses nombreux déplacements et conférences en entretiens individuels et ateliers/formations.
Ses prochaines conférences aborderont des thèmes comme : le pouvoir de l'intention, la capacité que nous avons à transmuter nos vies, l'éveil à sa conscience et l'ouverture du champs des possibles...
N'hésitez pas à la contacter pour solliciter un rendez-vous, un atelier ou une conférence dans votre région.

Contact : 06 11 10 21 82 – dominiquejeampierre.com

LA PROBLÉMATIQUE DE LA COMMUNICATION AVEC LES DÉFUNTS

Quelles sont les modalités des dialogues avec les défunts ?

Eric Hermblast - Voyageur

Tout de suite, en fonction du titre de cet article, il faut préciser que le mot dialogue ne convient en fait pas du tout au registre de la communication avec les défunts. En effet, il n'existe pas vraiment de dialogue au sens dialectique du terme, le dialogue n'étant pas la mise en relation d'interlocuteurs, mais la construction ou la poursuite d'un échange de communication signifiante et/ou satisfaisante.

Nous ferons un sort à l'hypothèse superfétatoire voulant qu'il ne s'agirait pas de communication avec un/des défunt(s), hypothèse postulant que la réception de données dites délivrées par le défunt serait en fait de la réception de données par voyance ou même télépathie avec une personne vivante ayant connu une personne décédée. Les personnes qui admettent ce type d'objection prétendent qu'elles sont simples et rigoureuses, alors qu'elles ne font que mettre en évidence un *souci critique* mobilisé par l'angoisse.

Ce qui est simple et rigoureux, c'est d'admettre – sous réserves bien sûr – que ce qui se présente, s'annonce, se réclame, s'identifie, correspond, est bien ce qu'il dit être. Nous discuterons plus avant de ce problème, mais il fallait aussi l'évoquer pour lui promettre une place (dans la liste du capiloquartotomé, ou du midi à 13h57, comme disait George I. Gurdjiev.)

En outre, depuis le début de la rédaction de cet article, Michel Barster m'a indiqué que c'était précisément le sujet du sien (ici, un point d'ironie serait requis, mais ce point, inventé par Marcel Bernhardt, et ressemblant à un point d'interrogation miroirisé, n'existe pas encore sur nos claviers, et encore moins dans nos polices de caractères).

Qu'est-ce alors que cette communication ?

En fait, il faut bien constater que la communication avec les défunts s'établit de deux manières : a) la réception de signes de la part du défunt, et, d'autre part ; b) les modes de *questionnement* de celui-ci.

a) La réception de signes est en soi une vaste problématique qui a fondé l'hypothèse de ce que l'on nomme le fantôme, ou agent spécifiquement donneur de signes. Mais ce personnage d'agent ne peut résumer à lui seul un éventail de productions concernant les 4 sens de personnes non reconnues comme médiums : attouchements et caresses, voix, apparitions, et jusqu'à des odeurs, suaves ou repoussantes.

Le fantôme lui-même, émanation dense, rejoint le phénomène de l'ectoplasme, ou densification dans le monde manifeste. C'est par ce minimum de densité que le fantôme pourra produire divers signes résultants (agitation de voiles ; sons – comme de chaînes entre-choquées – ; feux pouvant ne pas chauffer ni éclairer vraiment ; voire touchers d'ectoplasmes – pour ce dernier point, les manifestations, consulter la littérature spécialisée.)

Celui qu'on appelle un revenant est en fait un demeurant

La réception de signes peut être désirée (et être satisfaisante ou décevante) ou indésirable, provoquant divers effets, les moindres induisant lassitudes et dérangements (par leur caractère impromptu), ou encore des peurs, paniques, frayeurs à des degrés divers, résultant de la rencontre avec le numineux (la puissance paranormale, transgressive de l'ordre tangible dans certains cas).

b) Le questionnement, ou bargain (débat ou tentative de débat, voire marchandage) s'effectue dans les deux sens : Il existe des tentatives de délivrer des messages plus ou moins clairs, de la part de défunts ou de leurs manifestations ; en outre il existe des tentatives par des médiums, ou directement par des proches, de poser des questions aux défunts, en général pour en tirer ou soutirer des informations utiles dans le monde des phénomènes (le nôtre).

Force est cependant de constater que les défunts, eux, ne posent pas de questions

Avant toute opération de prise de contact dans les deux sens, nous devons d'abord noter l'intention de procéder à un contact, et à un échange communiquant d'informations. A ce point, bien que le défunt en sache, en général, bien davantage que les vivants, son intention dans une prise de contact est, soit de seulement manifester sa présence, soit de délivrer une information utile (à sa famille, par exemple, ou à la personne qui pourrait intercéder pour son compte).

De son côté, le vivant a l'intention affichée de souvent obtenir des *preuves*, ou bien d'extirper des informations, par exemple sur la localisation d'une personne ou d'un objet.

Comme il a été convenu en réunion de rédaction de ne pas toucher au spiritisme (que Yves Le Maître considère comme Nécromancie par étymologie et définition), je n'aborderai pas les techniques, réunions, organisations de groupes qui relèvent de la mise en œuvre pratique de certaines de ces tentatives de contact. Nous resterons dans le vague, en supposant que le médium établit tout seul le lien, et le support avec son énergie propre (ou quelques rares aides,

L'impressionnante accumulation d'ex-votos sur les tombes de ce petit cimetière de campagne peut aussi être vue comme une communication : des prières sous forme de signes de souvenir. Non seulement le défunt reste dans la famille, mais de là où il est, heureux, il peut *aider* les vivants... Photo Eric Hermblast

parfois – il peut y avoir un *public*). Cependant, on me concédera de rappeler que les ouvrages de Alan Kardec, le *Livre des Esprits*, le *Livre des Médiums*, ou encore *Le ciel et l'enfer*, ont été rédigés avec des séries de questions posées à des esprits ; le problème étant que les esprits qui répondaient, animés des meilleures intentions du monde, répondirent pour satisfaire à la culture des questionneurs, culture de langue française et de confession majoritairement catholique, ce qui était non pas une honnêteté, mais un filtre.

Force est cependant de constater que les défunts, eux, ne posent pas de questions : les modes de *questionnement* sont en fait des problématiques de réception de réponses.

En conclusion de a), la réception de signes, et b), la réception de réponses, nous devrons nous poser la question de l'extension de la communication : « pourquoi les défunts ne communiquent-t'ils pas davantage par signes vers les vivants, et pourquoi est-il si difficile pour les vivants d'entrer en contact avec des défunts... Cette extension de la communication permettrait peut-être en elle-même de dégager des protocoles pour de meilleures communications ? »

La (ou les) réponse(s) à l'extension de la communication est / sont bien connues :

Du côté des défunts, en premier lieu, les défunts ne souhaitent pas communiquer avec les vivants, sauf par manifestations intempestives destinées parfois à les écarter d'un lieu qui leur est cher (probablement pour des raisons énergétiques). Les raisons de ce silence sont donc simples : ils n'y ont pas d'intérêts (ou de motivations), et la communication avec les vivants requiert une énergie qui leur est précieuse. Dans les premiers temps après un décès, les défunts peuvent rester en contact avec leur famille, ou honorer un échange de signaux comme ceux évoqués par Camille Flammarion (de son temps, les *protocoles de communication* étaient déjà, bien sûr, parfaitement compris) puis des faisceaux de raisons induisent qu'ils *réalisent* que leurs informations sont de peu de valeur pour un monde dense, avec lequel ils ont moins de relations réelles, et pour lequel leur attention décroît.

En second lieu, les efforts déployés par les spirites, tout heureux d'avoir ouvert la barrière, butent d'abord sur le même problème de l'énergie à mobiliser, qui est celle des médiums, peu habiles (et parfois peu doués) pour trouver des (res)sources complémentaires des leurs. Un autre problème est celui de l'élusivité, qui frappe les démonstrations ou les tentatives d'utilisation par certains médiums, puis qui a fini par atteindre le spiritisme dans son ensemble (qui a été décrié, et marginalisé, au premier chef).

---

la colère ... donne du sel, « bien qu'on ne puisse pas vivre en mangeant du sel »

Un des traits communs des diverses production de l'élusivité (et Charles Imbert ne me contredira pas sur ce point) est d'interdire des révélations d'une nature trop probante. Si l'élusivité interdit d'apporter des preuves forçant les conversions, il faut sans doute comprendre qu'il revient à chacun de réaliser sa lente conversion vers une conscience étendue, rencontre réelle avec le monde invisible. Par contre, des coups de pouce soudain, comme les NDEs/EMIs, pourraient-elles aider une progression ?

Mais une extension de la communication pour quoi faire ? La réponse, ici, est que les vivants souhaiteraient avoir davantage d'informations sur l'Au-delà... Le fait est bien connu, puisque il existe deux grandes voies de questionnement : par le moyen de médiums-channels, et par le questionnement direct de défunts invoqués et interrogés. La première voie relève hélas parfois de suggestions ou d'informations lacunaires ou étranges, le channeling étant d'inspiration supra-mentale mais pouvant relever du bas-supra-mental. Le seconde voie est, bien entendu, celle qui est de nos jours représentée par l'activité spirite, que je viens d'évoquer, et donc les résultats, même publiés, ne sont pas connus avec un intense déploiement, et restent extrêmement peu connus, même par ceux qui s'intéressent à ces données (en général, on s'arrête à lire quelques pages du *Livre des Esprits*, de Kardec, bien qu'il ait publié d'autres ouvrages.)

Le bien et le mal ? On sait que ces concepts n'ont eu de cesse d'être relativisés. « Un peu de mal peut faire du bien, beaucoup de bien peut faire du mal… » C'est la fameuse question de la petite dose de poison qui guérit, ou de la colère qui donne du sel, "bien qu'on ne puisse pas vivre en mangeant du sel"… Nietzsche en fera des extensions, jusqu'à construire un inventeur du bien et du mal, qui pour lui est Zoroastre, et qu'il décore de tous les oripeaux du manichéisme (après avoir débuté en travestissant, dès son premier livre, un Dionysos d'opérette ou même de bordel).

Il n'est pas besoin de situer le bien et le mal en eux-mêmes, puisque il suffit que l'être humain ait le sens du bien et du mal, et qu'en fonction de ce sens, il désire faire le bien, ou faire le mal, et, à défaut de les réaliser, qu'il y sympathise. C'est l'intention de faire le mal qui relève du mal, bien que, on le sait, selon les lois humaines, les intentions ne comptent nullement, tant qu'on ne passe pas à l'acte.

La problématique ... redevient alors un basique problème de communication entre consciences…

Cependant, les Anciens, dans leur panthéons, n'avaient pas situé des dieux positifs et des dieux négatifs. De nos jours, des systèmes de dieux comme celui des Hindous ne considèrent pas non plus des fonctions divines comme essentiellement positives ou négatives. Les mythes expliquaient comment un dieu positif pouvait devenir négatif, et cette fonction d'inversion fut même dévolue et concentrée dans une figure aimable, celle du Dionysos réel, dieu du travestissement, de la narcose, de l'inversion et de la folie subie et subite.

Une des réponses données à propos de la *différence* (sous l'aspect du bien et du mal, en particulier) entre les êtres spirituels (dont les humains), et y compris en ce qui concerne les dits anges et les dits démons (entités libres mais cependant asservies à des fonctions supérieures, desquelles elles sont hypostasiées) serait que les êtres sont plus ou moins évolués. Cette réponse, donnée à Alan Kardec par ses équipes spirites, et corroborée de nos jours par divers avis partagés par la culture spirituelle commune, suppose cependant que chaque être dispose d'un atome karmique qui puisse enregistrer ladite évolution. Qu'à cela ne tienne, admettons cet atome,

La chapelle funéraire, un monument en voie de disparition (ça ne se fait quasi plus). Photo Eric Hermblast

puisqu'il existe une volition séparée, une individualité séparée et une possibilité de conscience individuelle séparée.

La problématique de la communication redevient alors un basique problème de communication entre consciences… Aucune conscience n'a jamais directement accès à une autre conscience (sauf en NDE/EMI). Mieux, s'il est encore facile et aisé de communiquer avec un autre être humain, et à la rigueur de communiquer avec un chien ou un chat, même dans des registres stylistiques ou esthétiques qui marquent une rhétorique supérieure, il devient difficile de communiquer avec l'esprit de certains animaux, quasi impossible de communiquer avec l'esprit d'une ruche, et il existe des égrégores ou des esprits naturels (voir la classification de Papus dans le premier n° de Un Temps) qui défient même le repérage ou la mise en situation. Ceci avant la compréhension que, là aussi, non seulement il y a entité spirituelle définie, mais vie spirituelle séparée et close sur elle-même.

Cependant, en général, les consciences arrivent à communiquer par divers signaux permis par des registres culturels : les humains communiquent assez bien entre eux, et il est courant de communiquer avec un chien, un cheval ou un chat, par exemple, dans une quantité de situations très variées, avec questions, réponses, attentes, signes du début de communication, amplifications des signaux, jeux, etc. La question deviendra : qu'est ce qui peut faire obstacle parfois à la communication avec des entités du monde invisible ?

On sait que l'obstacle à cette communication est en général celle de la déception dite élusivité, qui possède certaines caractéristiques.

D'abord, comme le soulignait Charles Imbert dans son article dans le Bulletin Métapsychique n°13, elle est une réponse globale, et concerne tous les champs du paranormal, impossibilisant en particulier l'apport de preuves. L'élusivité est donc une barrière à la *conversion*, et peut-être même LA barrière à celle-ci. Ensuite, elle est parachronistique, et se met en place hors temps, durée, causes et conséquences, puisqu'elle est provoquée et appelée par la simple idée de tenter de produire un apport de preuve. Enfin, elle se manifeste avec la rigueur et l'implacabilité d'une Loi (cette fois méta-physique), sans aucune exception possible, et sans aucun biais pour tenter de l'entamer.

C'est cette caractéristique de Loi à mettre en rapport avec un ensemble qui aurait arrêté Charles Imbert dans l'étude ultérieure du phénomène. Il confesse tenter d'étudier des Lois semble t-il similaires (comme la Loi d'identité, ou la Loi de compensation/rétribution, etc.) en n'allant pas plus loin, pour l'instant du moins, et en plaidant qu'il a trop de travail en chantier.

Puisqu'il nous en offre le loisir d'en traiter, j'aimerais repartir sur la piste ouverte par Laurent Kasprowicz à propos d'un agent volontaire. La volonté de cet agent, le Trickster, peut en effet s'appuyer sur l'élusivité pour la déguiser elle-même, la dissimuler, la varier, et même en faire de véritables plaisanteries, accentuer son caractère de déception, etc. Laurent ayant vu le Trickster, il est, de façon intéressante,

L'ouvrage de Laurent Kasprowicz tente d'introduire le Trickster en France. Cet agent, bien connu des chercheurs anglo-saxons, semblerait souffrir par chez nous de réticences peu claires...

clivé sur cette vision (paranormale en elle-même) qui l'aura amené à bien des dimensions de compréhension du personnage. Multicolore, changeant, présentant une reproduction de lui-même (début de la mise en abyme), rieur, à double face, telles sont les caractéristiques qu'il en a retenu, et qui correspondent au Joker des jeux de carte, ou au *fou du roi* dont on connaît bien les images, sauf que Laurent Kasprowicz a vu ce personnage en trois dimensions.

A ce propos, Charles Imbert aurait essayé, lors d'une trop courte rencontre, de lui représenter que ce personnage, sous ses attributs et attitudes, correspondait à une divinité grecque bien identifiée, donc Dionysos (Osiris importé en Grèce à l'époque mycénienne ?), qui après tout est le roi des Morts, mais Laurent est plus axé sur une identification d'Hermès, et comme il n'y a pas lieu de prendre parti dans leurs débats, je me garderai de conclure ici, ce qui conviendra à tous, Trickster compris, bien entendu. Mieux l'identifier conduirait d'autre part à de nécessaires prises en considération de la communication… avec lui.

Bien sûr, s'il était aussi facile de dialoguer avec les morts que de conduire un cheval, l'humanité aurait intégré depuis longtemps la présence du monde invisible dans toutes ses règles et conduites sociales. Puisque pour conduire des chevaux, il faut des métiers spécialisés (professeurs, cochers, acrobates, dresseurs, palefreniers, vétérinaires, etc.) on ne s'étonnera pas du fait que le monde invisible soit réputé plus difficile encore à comprendre et fréquenter. Son approche et sa compréhension sont, rien que pour la question des défunts, non seulement l'affaire de spécialistes (chamanes, médiums, gurus, coaches, thanatopracteurs, embaumeurs, clergés) mais relégués dans des domaines d'études strictement balisés et repoussés dans des limites précises afin de ne pas déranger, en étant gérés par divers corps normalisateurs (ethnologues, sociologues, médecins…).

Non seulement nous ne dialoguons pas, mais tout signe émanant des défunts ou du paranormal sera traité, d'abord pour être dénié, ensuite réduit, ou laissé à la charge de statisticiens, journalistes très spécialisés… Et même, ce qui est nouveau, les irruptions du paranormal peuvent être confiées à des strory-tellings afin de les amplifier pour mieux ensuite tout dégonfler.

Là est le paradoxe… On définit aussi les débuts de l'être humain, non pas par la maîtrise du feu, qui serait un outil comme un autre, mais par le souci de rites funéraires. Ceux-ci signifieraient, sinon l'invention de l'au-delà, du moins le souci de prendre en compte sa conscience, fragile et théoriquement menacée. Et ce même être humain s'arrête alors sur la frontière de nouveaux tabous, pour exiger qu'on ne puisse pas communiquer avec les défunts, même si ce sont ceux-ci qui prennent l'initiative de prendre la parole.

J'aimerais conclure en lançant le coup de pied de l'âne, et dans nos propres brancards : avoir fermé la porte au spiritisme dans ce numéro de Un Temps nous aura certes empêché de dévier… mais nous aurions quand même pu aussi leur demander leur avis, aux défunts.

Eric Hermblast

VOIR AVEC LE SENTIMENT DE VOIR

La clair-voyance est en général, et en fait, mal connue des voyants.
Charles Imbert - Ecrivain en ésotérisme

Personnellement, ma première conférence sur la mort, (qui était en fait un exposé dans le cadre de mes études) remonte à 1976. A l'époque, je pratiquais déjà le Tarot, et étais loin de savoir que personne n'y comprenait rien, à la voyance des cartes ou à celle des revenants. Ce n'est que ces dernières années, confronté à des projections et imaginations sur ce que je perçois sans problème, que j'ai constaté des trous béants, théoriques, discursifs, au point de voir des chercheur se disputer sur ce qu'ils ne voient pas.

La question de la voyance des fantômes, ou, en règle plus générale, de la voyance de (et dans) l'invisible, a donné lieu à d'innombrables avis et, aussi de déclarations impropres. Les voyants eux-mêmes se contentant de voir sans analyser, étudier ou choisir les mots pour les processus de cette vision : ils n'ont jamais été des guides reconnus pour la clarté de quelque explication. J'essaierai donc ici, en tant que chercheur et aussi médium, d'avancer quelques points forts qui puissent servir de base stables à de futures recherches.

En premier lieu, la question de la voyance ressort de la parapsychologie, donc de la psychologie au sens large, qui, elle, ne ressort pas du médical (il n'y a aucun pathos en jeu) mais de ce qu'on appelle la Philosophie dans sa vaste acceptation. La philo est une discipline tellement passée de mode que, parfois, de nos jours on parlera de phénoménologues ou de philologistes (voire d'épistémologues s'il s'agit d'étudier un point précis) ; cependant, ce n'est pas ici le lieu de disserter sur la philosophie, mais plutôt de dire à toutes prétentions médicales « Hors d'ici ». Etant fils de médecin, petit-fils de médecin (et en somme d'une quasi dynastie de médecins), toute approche par un discours médicalisé d'une vision de l'invisible me semble non seulement abusive, mais monstrueuse. « La vision c'est l'œil et l'œil c'est l'affaire du médecin ? » Nous allons voir que l'abus porte d'abord sur la question de la vision, et il faudra mentionner que les médecins ont fini de hérisser beaucoup de médiums, qui en ont assez de se faire prendre pour des animaux de laboratoire (pour ne pas dire plus ou pire).

On remarquera donc en premier lieu et en début d'article qu'un voyant peu mal voir (certains points, certaines correspondances), mais qu'il ne se *faillit* pas sur sa capacité en elle-même. La voyance de l'invisible est pour lui patente, et en cas de mauvaise transmission de l'information entre ce qu'il voit et la personne qui peut entendre la relation de ce qu'il voit, on pourra chercher bien des raisons à l'inadéquation – mais on sera déjà fort loin du fait. Le voyant ayant expliqué ce « ce n'est pas vraiment avec les yeux qu'on voit », on parlera alors de *perception extra-sensorielle* (vous avez déjà rencontré cette expression), et nous aussi devrons enquêter sur ce qu'est la perception (à qui, pour quoi) et ce que sont ces fameux sens.

Ce qu'on appelle voir, c'est d'abord des sensation ou des impressions par les yeux, et ensuite, à la fin, une impression mentale. Mais on sait qu'il n'y a pas besoin d'yeux pour voir, puisque par exemple dans les rêves on observe des représentations tout à fait visuelles. Le mot rêve fera d'ailleurs tout de suite référence à de l'illusoire, ce qui, dans ce cas, signifie que les projections du rêve ont une autre source que la réalité. Autrement dit, voir sans les yeux, ce n'est pas valable, parce que c'est en quelque sorte du rêve. Et puis, ce n'est pas montrable, re-montrable, démontrable, et cette impression ne pourra pas être reproduite pour un autre spectateur, ce qui induira, n'est ce pas, un possible rejet complet par un tiers qui ne voudrait rien entendre.

Ceci, c'est le schéma argumentaire de base pour décrier toutes sortes de fausses visions, qui commencent par les illusions d'optique, se poursuivent par divers trucages, et sont bordées par les erreurs visuelles pures et simples (fausse reconnaissance d'un visage, voir le chas de l'aiguille à côté du fil, avoir mal lu, etc.).

---

on ne va pas dire que la vue est d'une part la vision des formes, et d'autre part la vision des couleurs ?

L'Homme étant un organisme à prédominance de perception visuelle, ceci malgré son champ de vision limité à 120°, on accepte l'idée qu'une quantité d'impressions composites, certaines rendant compte de la réalité tangible, d'autres étant des constructions mentales (projections, désirs, élucubrations) puissent se résumer à des impressions visuelles. Il est même possible pour l'Homme de se représenter, de s'imaginer des images, soit créées à partir de vagues impressions, soit enchaînées pour donner un petit film, soit élaborées et fixées suivant des idées pour ensuite donner naissance à des dessins, techniques ou artistiques.

Ce que l'on appelle voir, c'est donc, pour le sens commun, d'obtenir « un avoir de sensation », mot qui est basé sur le mot sens, et celui-ci faisant référence aux 5 sens de l'Homme, soit la vue, l'ouïe, le tact, l'odorat et le goût. Ces distinctions sont établies depuis l'Antiquité (depuis le traité d'Aristote sur l'âme, disent les personnes qui aiment dater les inventions). Personne ne les a donc jamais critiquées. D'abord, à quoi et pour quoi faire ?

En fait, je prétends depuis quelques années qu'il n'y a que quatre sens. Je l'ai même écrit dans mes ouvrages. En effet, la distinction entre le goût et l'odorat m'apparaît spécieuse, car parfois, l'odeur d'une plante et le goût d'une plante ne font qu'un, ou le nez d'un vin le fera goûter mieux que sa mise en bouche. Il s'agit donc d'un sens voméro-nasal, je l'ai déjà écrit. Dans le même sens, on ne va pas dire que la vue est d'une part la vision des formes, et d'autre part la vision des couleurs ? Eh bien pourtant, des générations de peintres ont débattu de ces deux aspects de la vision, pour eux tout à fait inconciliables, au point qu'on pourrait parler de deux sens séparés. De même, l'ouïe pourrait prétendre avoir le sens du rythme, et le sens de l'harmonie…

Vous voyez l'ampleur des ouvertures possibles sur la question.

---

le sens du bien et du mal… la moraloception, serait à ranger avec l'ouïe,

---

D'ailleurs, de fait, récemment des chercheurs en sciences physiques (et non pas des neurologues) ont tout simplement introduit l'idée que les cinq sens pouvaient être portés à neuf, si on prenait en compte le sens de l'équilibre (l'équilibrioception), le sens de la chaleur (thermoception), le sens de l'effort (proprioperception), et le sens de la douleur (nociception). Veuillez noter que tous ces nouveaux sens sont en fait des variations du tact (toucher). De même, si je prétendais qu'il existe le sens du bien et du mal, celui ci, la moraloception, serait à ranger avec l'ouïe, car c'est du ressort de ce qu'on entend et comprend (nos chercheurs précités, au lieu d'aller chercher la jolie moraloception, ont aussi évoqué l'électroception et la magnétoception, certaines personnes étant sensibles aux champs électriques / magnétiques).

Bien sûr, entendre est un synonyme de comprendre, d'accéder à la conscience.

De fait, voir est la capacité à recevoir la lumière, d'en être éclairé.

Et le toucher fait participer à la matière, fusionner avec l'environnement.

Goûter ou humer, c'est aimer, ou détester.

Vous retrouvez donc les quatre aspects du divin ou de la réalité supérieure, la conscience/connaissance (élément Air), la lumière, (élément Feu), la fusion (élément Terre), l'amour (Elément Eau).

J'ai déjà indiqué dans mes ouvrages que l'échelle des NDE(s) de Greyson comportait :
• Question 4 : Vous a-t-il semblé tout comprendre ? (réponse maximale : A propos surtout de l'univers)
• Question 8 : Vous êtes-vous senti entouré ou avez-vous vu une lumière brillante ? (réponse maximale : Lumière surnaturelle ou mystique)
• Question 7 : Avez-vous ressenti un sentiment d'harmonie ou d'unité avec l'univers ? (réponse maximale : Unité, faire "Un" avec le monde)
• Question 5. Avez-vous ressenti un sentiment de paix ou était-ce plaisant ? (réponse maximale : une paix, un bonheur incroyable)

Ce qui indique (le mot Amour n'est pas dans le questionnaire, mais il se réfère à la ques-

Le champ des morts... Tombés en faisant sacrifice de leur vie, ils doivent être honorés...   Photo Charles Imbert

tion 5) que les 4 éléments, déjà discernés par les Mésopotamiens (et connus par les Egyptiens, voir page 81 de Un Temps n°1) sont à la fois des données objectives, des aspects complémentaires, et des voies d'intellection de la réalité.

De tout ceci, il découle que la vision des voyants pourra donc être en général très mal comprise. On pense que le voyant s'imagine voir (pour le sceptique), ou qu'il va avoir une image précise (pour l'adepte avec un petit a). Puisqu'on l'appelle voyant, que voit-il exactement ? Il voit surtout l'impression finale, l'impression mentale citée dans la première phrase de cet article. Cette impression mentale n'est pas une image, au sens de formes éclairées, cadrées, composées : elle peut varier depuis un diagnostic (le voyant voit la maladie, le désordre, l'impact sur les proches, et le guérisseur verra la zone, l'étendue, la profondeur – la gravité –, parfois l'origine) ou la connaissance familiale du sujet (son lien fort avec tel prénom, l'empreinte de personnes aimées, etc.). Comme il s'agit de per-ce-voir dans l'invisible, on parlera de mancie, ou du fait de "devin-er". De fait, si la vision dans le monde réel est assez limitée, dans l'invisible elle est infinie, et de plus peut se renforcer par l'usage de symboles, d'oracles, de mises en scènes – parfois au sens littéral – bordant l'opération de voyance.

Alors, comment sait-on qu'on ne se trompe pas ? D'abord, on est vigilant et éveillé, même parfois en dépit d'une fatigue réelle du corps physique. Ensuite, il s'agit d'un sentiment, autrement dit de la dernière étape la plus vraie, engageant la sympathie de l'Etre que nous sommes.

Les erreurs extérieures, on le sait, sont de deux ressorts : l'omission et le contresens.

A vrai dire, tout le monde pratique la divination à un degré ou un autre, surtout pour sa propre personne, et ici l'inconscient rentrera en scène pour tout perturber par ses désirs ou projections, ce qui rendra parfois détestable l'auto-divination (et donc parfois le *paranormal*).

La psychologie classique s'arrête au phénomène de la sensation et ne veut étudier que ce concept, qui est formé sur une suite tautologique : la perception sensorielle découle de la relation entre un effet physique et la perception qui perçoit cet effet. On prend en effet bien soin d'évacuer celui qui perçoit l'effet, parce qu'il est peu fiable, très subjectif, peu étalonné, très inconstant. L'effet est perçu par la perception, comme ça, la définition est suffisante.

Il y a cependant un petit problème… Donc, qui est-ce qui perçoit ?

Qui ? Eh bien, le même individu peu fiable, subjectif, inconstant, peu étalonné, dont il convient de se méfier, car il est sujet à des rêves, des hallucinations, des projections, des investissements, désirs, croyances (etc.)…

Tant d'erreurs que ça ? Si on essaye de trier les erreurs sur la perception, ces erreurs seront de deux sortes ; les erreurs extérieures, et bien sûr les erreur intérieures. Les erreurs extérieures, on le sait, seront de deux ressorts : l'omission et le contresens. Mais les erreurs intérieures, n'est ce pas, devraient être de très nombreuses sortes, conditionnées, habitées, conditionnées, et même compulsionnées ?

Quel enfer ! Nous serions constamment le jouet d'illusions venues de notre propre inconscient, de notre atavisme, de nos désirs, de nos tentations… Nous serions des imbéciles (dans le sens de Cicéron : incapables de traiter le combat contre le quotidien), et le moi ne serait pas *maître dans sa maison*, comme disait Freud (décidé à perturber, pour mieux proposer l'étal de sa boutique).

…C'est très amusant, de s'imaginer tout ça, mais c'est n'importe quoi. L'Homme est un être maître de soi (c'est même pour ça qu'en principe, on lui délivre un *permis de conduire des véhicules sur la voie publique*). La fonction de contrôle de son environnement prévoit qu'il intègre des perceptions fiables à 100%. Sur ce principe, on délivre même des cartes électorales et des permis de chasse… Certes, il reste des accidents, mais rien ne permet de monter ces rares exceptions en règle.

L'Homme, et particulièrement l'enquêteur, ou la personne chargée de responsabilité, recherche la fiabilité maximale dans les conduites humaines. Tout un chacun est censé être maître de soi, avec deux exceptions, traitées par la société : les délinquants (intentionnels et enracinés) et les malades mentaux avérés. Dans ces conditions, il faut absolument évacuer le fameux « le moi ne serait pas maître dans sa maison ».

L'homme normal est non seulement fiable, y compris pour ce qui concerne les rouages psychologiques, mais en outre, même les fameuses *hallucinations* ont été reconnues comme structurées (depuis plus d'une soixantaine d'années, même si personne ne veut en parler). Il convient donc de se reposer la question : Qui est-ce Qui (et non pas qu'Est-ce qui), d'une manière invariable, perçoit dans l'Homme ?

L'Homme est un être maître de soi

Bien sûr, nous aboutirons au fameux cogito, le "Je pense donc je suis", qui fut à la fois un triomphe et une impasse, deux cent ans s'écoulant entre cette affirmation de la pré-éminence du Penser donc être (on n'avait plus vu ça depuis 2000 ans, Parménide ayant été le dernier à aborder l'Ontologie sous cet angle) et les débuts de la Psychologie occidentale – vers 1850, disons.

En fait, le cogito a été dépassé et renommé, plusieurs fois, le principe même de la perception, donc de la présentation d'effets au cogito, ayant un temps renommé celui-ci en *intelligence* : intelligere, c'est comprendre, et c'était par exemple le sens du mot intelligence au XVIIIe siècle : « Ce qui comprenait ».

Ces objections, prises très au sérieux par les chercheurs, font évidemment sourire de pitié les médiums

---

Depuis, celui qui comprend, le Cogito, a donc finalement été renommé en "Soi" (oneself en anglais). Attention, dans certains vocabulaires, lexiques, nomenclatures, ce terme de *Soi* désigne en fait le *Grand Soi Universel* un Great Universal Self. Ce qui n'aurait pas étonné Platon, qui dans le *Phèdre* nomme "Intellect" le fond universel psychique, le Noos présenté par Anaximandre.

J'ai expliqué, dans mes ouvrages, que ce qu'on appelle la conscience est en fait le sentiment de soi. Plutôt que de revenir sur les modalités de cette préhension du soi, ou de sa représentation, je préférerai aujourd'hui, pour cet article, insister sur ce qu'est le sentiment : il est la présentation la plus directe, la plus immédiate, la plus fondamentale, d'un élément à percevoir par le soi.

N'importe quelle perception finit par un sentiment de la chose perçue.

Ce degré de profondeur du sentiment signe son importance : les perceptions, les émotions (qui sont des rapports de situation), et même les passions, c'est à dire les contaminations (être passionné, c'est ne plus pouvoir se passer de quelque chose parce qu'on y participe) finissent toutes en sentiment.

Avec ce degré de profondeur, le sentiment n'est jamais sujet au doute, ou à la critique : un sentiment est entier. Certes, on peut le nourrir de fausses informations, d'émotions provoquées, de sensations truquées en illusions ; il reste que le sentiment, à son stade, est vrai et parle directement en indiquant s'il le faut le résultat frauduleux, et sans tricher, lui.

Vous avez compris où je veux en venir : il est des choses qui parlent directement au sentiment, et en particulier les informations médiumniques. Un médium sait donc qu'il reçoit, qu'il voit... non avec ses yeux, mais avec son sentiment.

Evidemment, c'est assez nouveau, ça n'avait jamais été proposé. C'est pourquoi c'est publié, ici, pour prendre date. De plus, ça ne solutionne pas les aimables *doutes* que veulent réintroduire nos estimables confrères chercheurs, en doutant et critiquant la source des informations, ou leur transmission… On sait, pour résumer, que certains chercheurs doutent que ce soit un défunt qui s'adresse à un vivant : ce peut être un esprit farceur, une entité autre, déguisée ; d'autres chercheurs posent que l'information que délivre

Hindous, Néo-zélandais, Australiens, ici leurs idéaux les ont fait aller se battre au bout du monde.   Photo Charles Imbert

le défunt pour faire valider son identité pourrait être, cette information, collectée par voyance, ou même par télépathie auprès d'une personne connaissant elle aussi le détail que le défunt fournit. Ces objections, prises très au sérieux par les chercheurs, font évidemment sourire de pitié les médiums, qui eux savent, au plus profond, de quoi il est question. Michel Barster m'a signalé qu'il allait faire porter son article sur ces questions.

...s'asseoir dans un fauteuil, face à un mur, un verre de schnaps prussien à la main...

De même, l'intuition, cette fameuse information directe, parle directement au sentiment. L'intuition est en général, d'ailleurs, tenue en si piètre estime qu'on peut dire qu'elle n'existerait pas, sinon comme "petite voix qui parfois conseille de commettre des bévues", si précisément elle n'était par essence un moyen sûr de comprendre 'par raccourci et sans besoin de démonstration'. Du coup, on pourrait avancer que bien des données relèvent de l'intuition, et en particulier dans les questions morales, où il est question avant tout de concevoir si l'effet en sera fertile ou néfaste, pour soi et pour autrui : le représentation du bénéfice est en général corrélative du tableau des risques, et des dommages collatéraux, mais comme il s'agit là d'estimation(s), on parle en général d'intuition, pour se moquer car ces estimations sont grossières, mais précisément, l'intuition suffit, car le sentiment est directement alerté d'avoir à peut-être faire face à des points plus importants que d'autres, et ces points sont en particuliers des points moraux relevant des méta-motivations d'un individu (et ipso facto, certains écouteront la petite voix, d'autres s'en moqueront).

Ce n'est pas l'évocation de telles impasses qui peut sérieusement être une critique du sentiment de voir. Par contre, il convient d'étudier les modalités de ce qui parle au Sentiment.

Il y a des données immédiates à la conscience (c'est à dire le Cogito), et Bergson en a même fait le titre d'un ouvrage basé sur la tentative d'évoquer des intensités de conscience ou d'appréhender la durée comme succession de moments (évanescents, hélas, on le sait – peut-être la formule la plus intéressante est-elle de dire que le temps est un fantôme d'espace). La psychologie de Kant – car c'est bien de psychologie qu'il s'agit, chez cet autre auteur – aura quant à elle beau jeu de buter sur une "fin de la métaphysique". Car en fait, c'est bien de ça qu'il s'agissait, avec ses Critiques de la Raison (cheval de bataille du XVIIIe siècle, mais cheval de bois) : s'asseoir dans un fauteuil, face à un mur, un verre de schnaps prussien à la main, et dire : « vous voyez, il y a un mur ». Kant fut porté aux nues : avec lui, il n'y avait plus besoin d'étudier une quantité de choses pourtant essentielles (c'est donc un précurseur du romantisme).

Il y a des données immédiates à la conscience (c'est à dire le Cogito), et Bergson en a même fait le titre d'un ouvrage

---

Alors, qu'en est il des données immédiates à la conscience ? Pour moi, ces données ressortent de trois types de présentation au soi pour une intégration. Il s'agit de :
– L' Evidence
– L'Expérience
– La Cohérence

Ces trois types de présentation au soi parlent directement au sentiment. Je les ai présentées à la fin de mes *Approches de Pythagore*, dans la conclusion de ce petit livre, et plutôt que de me paraphraser, il sera plus simple de compléter leur évocation.

L'évidence a une petite identité en philosophie depuis que Heidegger l'a reliée à la Vérité comme dévoilement de l'A-léthéia. Il importe peu de retracer les subtilités conduisant de la remémoration platonicienne jusqu'au "non oubli" de l'A-léthéia, puisque la Vérité serait le non-oubli (du A privatif devant le Léthé, l'oubli). L'évidence, abordée par Heidegger dans l'Etre et le Temps, et complétée dans son "Questions IV", finit par s'expliquer, pour lui, comme l'accès à une "présence de l'Etre", complétant toutes ses explications sur les ex-istants comme sortant de l'Etre. Le plus intéressant est peut-être que cette présence soit un *surgissement*. En effet, on sait que l'évidence est frappante, ou lumineuse, ou grandiose, tous adjectifs qui trahissent sa puissance irréductible de manifestation, pourvu surtout qu'on veuille bien la voir ou l'accepter.
L'Evidence est donc le plus souvent décrite par cette capacité à aller directement parler au sentiment, et au soi. Son caractère de soudaineté de présentation, de clarté étendue, défie un temps critiques et doutes, priés d'aller voir ailleurs.

L'expérience est, elle aussi, quelque chose de très profond. On connait la définition amusante de la conscience : « La conscience, c'est une expérience ». Voici qui place l'expérience dans la proximité du sentiment de soi. Ce que l'on vit et veut reconnaître comme expérience (car il y a quantité de vécus qui tous pourraient prétendre à être des expériences, à divers degrés) est quelque chose qui parle à l'intégré de notre personne… Et de fait, seules des expériences peuvent nous enrichir, en atteignant notre intégrité (pour la conforter ou la déstabiliser). Le terme d'expérience scientifique, lui-même, fait référence à une recherche de sens par une démarche emmenant voir, dans une situation où on peut comparer des faits (si le mot est le même en anglais, le terme erfahrung, en allemand est basé sur le terme fahren, aller, il s'agit donc d'une *conduite en vue de*.)

La cohérence n'est pas une expérience et ne parle pas par l'évidence, ce qui ne fait la moins immédiate des données, et peut-être la plus probante. Elle m'était, étant jeune, connue mais assez externe, quand sa découverte entraîna pour moi une complète compréhension (ou remémoration ?) de l'intrinsèque du divin : Tout est cohérent, avec de rares failles qui ne font que souligner que "Rien n'est sans raison", comme disait Leibnitz. La Cohérence s'exprime en outre avec ou par des sous ensembles, ou champs de cohérences (qui ont été étudiés par Jacques Ravatin), tout comme l'inconscient collectif admet des inconscients collectifs locaux.

En conclusion, après avoir mis en évidence la cohérence de l'expérience du Soi, et compris que l'intérieur et l'extérieur ne sont que des catégories du monde phénoménal, la question de la vision directe par le sentiment s'éclaire beaucoup : personne n'avait voulu trier et appeler les choses par leur nom. Faute de quoi, on disait

Depuis le XVIIIe siècle, et avec le machinisme, les guerres sont devenues mondiales, ou plutôt globales, comme disent les Anglo-saxons. Elles restent fondées sur l'ancienne violence inter-personnelle, qu'on prétend indépassable, mais se montent à des niveaux de puissance en accord avec les extensions des pyramides sociales. Ici, un monument aux Anzacs. Photo Charles Imbert

« mais non, ce n'est pas de la vision » ou encore « si c'est de la vision, il faut demander aux occulothérapeuthes et aux ophtalmoculistes de se prononcer séance tenante. »
Voir n'est pas savoir, et inversement. Peut-être faudrait-il dire "soivoir", mais ce serait un abus, puisque le véritable savoir, fait d'intégration, est la connaissance.

Charles Imbert

LES DÉFUNTS POUR DE VRAI

Le regard d'un de ces porteurs de cercueil qu'on regarde...

Serge Fosse - Praticien direct dans le secteur

Peu importe comment on aborde le sujet, le fait est que la mort, en général, ne fait guère recette en tant que sujet de discussion ou débat contradictoire lors des réunions de famille. Ni dans les médias, d'ailleurs, quels qu'ils soient.

En réunion de rédaction, notre rédac-chef rappelait, à juste titre, qu'un ouvrage traitant de la mort (citant comme exemple les livres d'un auteur comme Camille Flammarion), même écrit par un auteur renommé, ne faisait guère recette.

Peut-on y voir un tabou culturel ? Et comment est abordé ce tabou, lorsqu'il en est un, dans les différentes civilisations ? Concernant cette dernière question, je préfère pour l'instant laisser répondre Charles et Yves, dont le travail d'investigation et l'expérience sont plus à même de fournir des réponses étoffées et adéquate.

Ce à quoi je répondais au directeur de publication que la mort, quand il était fait le choix d'aborder ce sujet à la télé et au cinéma, notamment, était quelque peu édulcorée et dépourvue de son aspect dramatique et inéluctable.

Ou alors, suivi d'un retournement de situation auquel personne ne s'attendait (les ficelles, ça s'use...), voire d'une quelconque leçon à retenir. Merci au héros du film.

L'on ressortait de la séance la tête remplie d'avertissements et de bonnes intentions, évaporés dès la première rencontre avec un automobiliste indélicat et le premier coup de klaxon qui en découlait.

De nos jours, les choix scénaristiques à succès proposent des mondes post-apocalyptiques, remplis de ruines et peuplés de zombies.

Quelle différence avec le monde dans lequel nous vivons, me direz-vous ?

Nous avons encore le choix ; pour l'instant...

...la mort, avec laquelle on vit quotidiennement...

Bref. La mort est le plus souvent abordée de façon très binaire.

Soit elle n'est que suggérée, soit on ne la voit pas du tout.

Je viens de me rappeler qu'il y avait également la catégorie "gore" des films d'horreur. Là, nous subissons la mort, en ce qu'elle a de plus pervers, dans la représentation démoniaque que veut nous imposer le réalisateur.

Il est surtout important de constater que la mise en scène de la mort obéit, dans ces produits à très grande diffusion, à des codes communs, toujours répétés.

Il s'agit en fait ce qu'on appelle des stéréotypes. Ceux-ci sont pour la plus grande part la répétition de formes et formules déjà consacrées et validées. Et les premiers illustrateurs de livres sur les vampires (Dracula date des dernières années du XIXe siècle) s'appuyaient eux-mêmes sur des gravures médiévales...

...après une courte prière pour se remettre d'aplomb...

On peut ainsi parler d'une perduration de clichés, souvent occidentaux. Il existe d'autres conceptions et représentations d'esprits, entités ou fantômes, par exemple en Chine, qui ont peu à voir avec nos perpétuations occidentales.

Et quelque soit la codification employée, le sujet n'est qu'effleuré. Ce n'est pas la mort, mâtinée de romantisme béat, à laquelle nous avons affaire, mais la mort, avec laquelle on vit quotidiennement.

J'attire l'attention des lecteurs et lectrices, sur le fait que je suis bien évidemment

Larges vitrines, prestations multiples, affiches, marketing et merchandising, la mort est aussi propre et moderne que n'importe quel autre produit... Photo S. Fosse

conscient que l'ordinaire en question vécu par les populations, peut être très différent d'un pays à l'autre.

Un chrétien d'Orient ne le vivra pas de la même façon qu'un chrétien en Europe. Quoique que l'on s'en rapproche peu à peu...

Je vais donc simplement vous faire part de ma petite expérience concernant ce fameux "quotidien".

Je ne suis pas pompier, urgentiste, médecin du SAMU, ou prêtre proposant le sacrement des malades (extrême-onction).

J'accompagne (du moins je le vois ainsi) les gens dans leur dernière demeure. Ou au crématorium, suivant leur choix et croyance.

La tâche de porteur funéraire n'a d'importance que la considération apportée par la personne impliquée. Et pour moi, c'est une occasion d'assister le défunt et la famille, dans la limite des fonctions qui est la mienne durant cette courte période (Le "Maître de cérémonie" est normalement un lien privilégié avec la famille, tant du point de vue humain qu'administratif. C'est lui qui gère, le "jour J"). Le porteur "n'est qu'un exécutant silencieux".

Mais avant cela, le premier contact de la famille avec les pompes funèbres, c'est le ou la commerciale. Tout chagrin mis à part, même s'il convient d'agir relativement vite, ne vous précipitez pas, ne vous laissez pas aveugler.

À contrario, ne soyez pas non plus rétifs à toute suggestion.

Il y a un certain nombre de professionnels des obsèques pour qui les défunts ne sont que des chèques à encaisser, et qui chercheront d'office à vous faire cracher au bassinet, sans aucun scrupule. Je pense notamment à l'enseigne aux trois lettres…

D'autres établissements d'importance moindre, malgré l'absence de monopole affichée, ne sont pas en reste.

Peu importe la taille de l'entreprise, c'est l'attitude qui compte. Force est de constater qu'en ce sens, toutes ne sont pas égales.

En effet, et heureusement, il existe des exploitations respectueuses des familles, dont la qualité de travail n'est plus à prouver.

J'en reviens donc à la conduite que j'ai choisi d'adopter en tant que porteur. Le fait que je fasse clairement allusion au christianisme n'est pas un hasard, puisque la très grande majorité des cérémonies auxquelles je suis affecté se déroule selon les rituels chrétiens consacrés.

Rituels qui, à mon sens, sont indispensables ; tant (et surtout) pour le défunt que pour la famille. Il y a là une occasion unique et particulière de prolonger l'accompagnement, au-delà du seul fait de porter le cercueil et les gerbes de fleurs.

…l'équipe…est considérée…comme totalement invisible aux yeux de la famille. Il ne s'agit même pas de mépris ou toute autre déconsidération. Nous n'existons tout simplement pas

---

Bien sûr, il s'agit là d'une démarche toute personnelle, ne visant pas à remplacer les rituels religieux, mais à tenter d'assurer une transition utile pour l'âme du défunt ou de la défunte, quand la cérémonie conduite par un prêtre ou un laïc fait défaut.

Je me permets donc, silencieusement, de prier pour les morts, lorsqu'il n'y a pas d'officiant pour accomplir cette tâche, et le confier à la Vierge Marie.

Somme toute, sans intrusion, je tente de palier à certains manques.

Attention, je ne critique en AUCUN CAS les choix des familles en matière de déroulement de cérémonie.

Ayant été confronté à un corps bien altéré (accident de la route), et passé les premiers instants de répulsion bien compréhensibles ; ne reste, après une courte prière pour se remettre d'aplomb, que de la compassion et une tristesse diffuse. C'est à ce moment que je fais le peu que je pense avoir à faire, sachant que c'est le seul instant où je serai en présence du défunt.

Il y a par ailleurs des moments particuliers, qui vous tombent dessus sans crier gare ; et vous vous rendez compte de façon perçante, à quel point le défunt (ou la défunte) manque à celles et ceux qui le pleurent.

Une mère qui vous donne un dessin de ses jeunes enfants (présents) afin de le poser sur le cercueil lors de la mise en terre ; un mari éploré et grabataire, mais clair d'esprit, qui pleure comme un enfant...

On n'est pas préparé à ça, à moins d'avoir été blasé par des années de pratique dans le métier. Je pense d'ailleurs que cette carapace, acquise après toutes ces années, trouve une part de sa source dans le fait que la plupart des personnes ignorent sciemment l'importance des sacrements à l'attention des défunts. À ceci près que toutes les personnes dans l'entourage du mort sont concernées, travailleurs funéraires y compris.

J'aimerais également ajouter que, lorsque le défunt est l'un de vos deux parents, cela ne vous aide pas à faire abstraction (si c'est ce que vous cherchez à faire) de ce qui se présente sous vos yeux. Non...

Cela dépend avant tout de l'approche personnelle et intime que vous avez vis-à-vis de la mort, du(de la) défunt(e), de votre expérience de vie personnelle, et de la vie en général.

Par ailleurs, il sera intéressant de noter le comportement des familles avant, pendant, et après les obsèques.

Le seul point commun avec les autres familles, c'est la messe d'adieu au défunt, lorsqu'elle a lieu.

Il ne s'agit pas là de procéder à une analyse en profondeur, ni à un quelconque jugement de ma part, mais de constater un effet de groupe laissant apparaître des conduites parfois très différentes d'une assemblée à l'autre.

Je vais donc brièvement décrire ce qui se présente parfois à nous.

Il y a des familles dont l'attitude est véritablement digne et humble, dépourvue de futilité. Normales, donc.

D'autres familles, celles que l'on croise le plus souvent, qui me semblent plutôt agir par tradition, et non dénuée d'une certaine superficialité dans la mesure du moment présent. Un manque de compréhension, peut-être, ou d'acceptation ?

Sont également présents les gens qui, parce que la personne était relativement connue (selon le degré d'importance sociale, donc), se doivent d'être présents, remplissant par leur nombre l'édifice religieux catholique.

À contrario, je citerai l'exemple de Jean-François Parot (enterré à Missillac), ancien diplomate (l'une des meilleurs tables d'Afrique de l'Ouest lorsqu'il y était en poste) ; égalementment écrivain et créateur du personnage de Nicolas Le Floch.

J'ai été quelque peu surpris du peu de monde présent, étant donné la qualité du personnage.

Certaines familles, de tradition bourgeoise catholique, sont le plus souvent (toutes ; concernant celles que j'ai pu croiser) complètement détachées du moment présent. La cérémonie est conduite de façon exemplaire, parfois très longue. Mais il y a ceci de particulier que l'équipe chargée de s'occuper du défunt et du cercueil (dont le maître de cérémonie) est considérée, au mieux, comme étant totalement invisible aux yeux de la famille.

Il ne s'agit même pas de mépris ou toute autre déconsidération. Nous n'existons tout simplement pas.

Les membres de ces familles affichent le plus souvent un détachement narcissique et naturellement arrogant, représentatif d'une certaine caste sociale.

Tout ce qui est présent à l'extérieur de cette bulle n'existe pas, ou seulement sur les chaînes d'informations nationales.

Chaque jour est un nouveau jour, chaque cas est un nouveau cas

---

Quant aux derniers que je citerai, il sont l'exact opposé des descriptions effectuées précédemment.

Grossiers, sales (voir l'état d'un funérarium après leur passage) je-m'en-foutistes, ils font preuve d'une absence totale de dignité (prendre des selfies avec le cadavre de tata après la mise en bière, pour aller coller ça sur les réseaux sociaux, c'est foncièrement ridicule).

Sans compter les divers règlements de compte familiaux...

Ils ne se comporteraient pas différemment s'ils participaient à un concours de pétanque (je n'ai rien contre les boulistes, bien évidemment.)

Le seul point commun avec les autres familles, c'est la messe d'adieu au défunt, lorsqu'elle a lieu. Mais il y a peu de chance que l'importance du rituel soit au coeur de leurs considérations...

Par égard aux lecteurs et lectrices, je n'initierai donc pas le passage en mode *Capitaine Haddock*, bien que je n'en pense pas moins.

J'ajouterai, concernant les pompes funèbres, que dire des entreprises funéraires qu'elles désacralisent la relation particulière du moment entre les vivants et les morts n'est pas complètement faux, en ce sens que tout a été commercialement lissé afin d'être particulièrement rentable.

La mort est certes un business à grande échelle, mais j'ai pu constater que l'aspect mercantile pouvait très bien n'avoir aucune influence sur le rituel catholique d'adieu au défunt, et n'être qu'un élément durant le déroulement de la cérémonie.

Vous comprenez ainsi, un peu, de ce qui peut se passer dans les pensées et émotions de ces personnes qui s'occupent très souvent des morts. En particulier, d'après ce que j'ai pu voir, les thanatopracteurs.

Chaque jour est un nouveau jour, chaque cas est un nouveau cas (Notamment pour un porteur). Nous ne nous confondons pas avec notre métier ou notre fonction, ce qui arrive rarement chez les êtres humains, sauf avec quelques acteurs ou des personnes publiques (ou politico-médiatiques) souvent en représentation. Mais la distance que nous adoptons ne nous ferme pas non plus aux ressentis, très souvent imprévisibles...

S'occuper des défunts immédiats et de leurs funérailles fait partie de comportements éternels de l'être humain face à la mort.

Je précise également et enfin que les embaumeurs des temps modernes exercent une fonction pour laquelle il est nécessaire (de mon point de vue) d'avoir une approche plus distanciée, étant donné le nombre de "patients" qu'ils ont à traiter quotidiennement.

L'intention d'avoir l'avis d'un ou d'une praticienne de ce corps de métier à part entière a malheureusement buté sur des problèmes apparus comme techniques...

S'occuper des défunts immédiats et de leurs funérailles fait partie de comportements éternels de l'être humain face à la mort. Point n'est besoin de rappeler que pour les anthropologues, l'humain commence avec la conscience d'arranger une sépulture.   **Serge Fosse**

Évolution d'un monopole

Le marché de la mort est extrêmement rentable pour qui sait mener sa barque.

En France, notamment ; et bien que le marché soit accaparé par PFG, Le choix funéraire, et Roc Eclerc, il subsiste encore énormément de petites structures. Souvent familiales, et installées depuis au moins deux générations dans un bourg en périphérie de grandes agglomérations, elles luttent vaille que vaille contre leur rachat par les grands groupes, que ces derniers tentent de leur imposer.

S'il y avait une comparaison à établir, ce serait celle d'un organisme dévorant toutes les cellules environnantes.

Tout laisse à supposer (bien que nous ne soyons pas journalistes d'investigation), qu'au niveau international, les pratiques ne soient pas identiques. Et à ce sujet, je vous propose également quelques liens menant vers des articles et autres vidéos (toutes sources citées), uniquement francophones (pour des raisons de confort et de praticité).

Je ne saurais trop vous recommander de conserver un peu de recul (surtout) lorsqu'il s'agit d'un article épinglant la profession dans son ensemble.

Le ton choisi et le parti pris de certains éditeurs pouvant parfois être assez vindicatif.

Je reprendrai ici, à mon compte, l'avertissement que l'on trouve dans le premier article ci-dessous, et affiché dans certaines entreprises.
" Vous êtes libres de choisir vos pompes funèbres."
- Article de France Inter (05/05/2018) : https://www.franceinter.fr/emissions/secrets-d-info/secrets-d-info-05-mai-2018
- 24 heures dans la vie d'un entrepreneur de pompes funèbres belge (La "méthode" française est toutefois légèrement différente. Il s'agit ici d'un exemple d'illustration) (01/11/2017) : https://www.rtbf.be/info/societe/onpdp/enquetes/detail_24-heures-de-la-vie-d-en-entrepreneur-de-pompes-funebres?id=9735550
- Très bon article sur l'évolution des mentalités, et du marché des pompes funèbres (29/11/2016) : https://www.lagedefaire-lejournal.fr/aux-pompes-funebres-marche-loi/   – S.F.

LA MORT EN CHINE : DIVINITÉS, ÂMES, ESPRITS, FANTÔMES ET AU-DELÀ

Une brève approche des autres éclairages culturels

Eulalie Steens – sinologue, écrivain.

En réunion avec ses disciples, Confucius[1] se vit un jour interpellé de cette courte question par l'un d'entre eux, Zilu : « Maître, qu'est-ce que la mort ? » Ce à quoi le Maître répondit : « Vous ne savez pas ce qu'est la vie, comment sauriez-vous ce qu'est la mort ? » (*Lunyu*[2] 11,12)

Cette remarque si judicieuse, si précise, si simple, si pragmatique, résume à elle seule la mentalité chinoise : pas de théorie mais de la pratique avant toute chose. Le monde existe : les êtres humains y vivent et y meurent. Un au-delà est-il possible ? Peut-être que oui, peut-être que non. On ne sait pas et on ne suppute rien. En revanche, on vit à la fois dans notre monde et avec un ailleurs qui interfère dans le quotidien.

A ce titre, la conception chinoise de la « création » du monde est exemplaire. Les êtres humains vivent sur une Terre reflet du Ciel. Il n'y a pas de point de départ, ni point d'arrivée. Pas de création, ni de fin, encore moins d'apocalypse. Le monde existe. Il est à l'image du *Dao*[3].

Comme le disait Lao Zi[4] : « Le Dao donne naissance à l'un, l'un au deux, le deux au trois, le trois aux dix-mille êtres. Les dix-mille êtres portent le yin[5] sur le dos et embrassent le yang ; en accordant leur souffle, ils s'harmonisent. » (*Daodejing*, 42).

Quant à l'être humain, il « se règle sur la terre, la terre se règle sur le ciel, le ciel se règle sur le Dao, le Dao se règle spontanément. » (*Daodejing*, 25).

Et Lao Zi d'affirmer, deux-mille cinq cents ans avant nos scientifiques actuels, concernant l'expansion de l'univers : « L'intervalle entre le ciel et la terre n'est-il pas comme un soufflet ? Il se vide et ne s'épuise pas, il se meut et son expiration sort davantage. » (*Daodejing*, 5).

Pourtant, dans ce contexte d'un cosmos et d'un irréel impalpables, un important corpus d'histoires a vu le jour. Il conserve le souvenir d'une création « extra-ordinaire ». Sans doute faut-il y voir non seulement le besoin des êtres humains de donner une réalité à des faits inexplicables, mais aussi l'idée que des êtres eux aussi « extra-ordinaires » ont donné à la Chine sa civilisation.

On ne sait pas et on ne suppute rien. En revanche, on vit à la fois dans notre monde et avec un ailleurs qui interfère dans le quotidien.

---

1. Narrer l'ensemble des faits qui composent la mythologie chinoise prendrait un ouvrage en-tier. Qu'il nous suffise de savoir ici que les premiers souverains de la Chine, à une époque que l'on situe vaguement au néolithique, vers - 3.000 / - 2.000, furent les Trois Augustes *San Huang* puis les Cinq Empereurs *Wu Di*. Ils eurent une nombreuse descendance qui fut à l'origine d'autres souverains, ministres ou chefs de clans et donc futures dynasties. Pour régner, tous furent choisis pour leur talent et cooptés. D'autres furent destitués.

Ils eurent tous une naissance miraculeuse, possédaient des pouvoirs sur-humains et avaient un physique mi-humain / mi-animal. Fuxi et Nügua furent le couple primordial à la fois époux et épouse, frère et sœur. Fuxi tient en sa main gauche l'équerre (symbole du carré et de la terre), Nügua dans sa main droite, le compas (symbole du rond et du ciel). Leur corps se finit en queue de serpent par laquelle ils s'enlacent. Fuxi, fils du Tonnerre (sa mère le conçut en marchant dans les traces de pas d'un géant, en sortant de se baigner dans le lac du même nom), observa la nature et en fit la synthèse en dessinant les 8 Trigrammes du

Statuette représentant Confucius (terre cuite à glaçure, travail artisanal chinois contemporain; hauteur : 25 cm; collection particulière).   Photo Eulalie Steens

yin et du yang. Nügua façonna les être humains à l'aide de la terre jaune de Chine. Shennong, le Divin Laboureur, avait une tête de bœuf, il inventa l'agriculture et la pharmacopée.

2. Les Cinq Empereurs sont : Huangdi, Zhuanxu, Ku, Yao et Shun. Huangdi, l'Empereur Jaune naquit après que sa mère ait observé la lueur de la Grande Ourse. Il combattit des rebelles grâce à une femme descendue du ciel, laquelle lui offrit un traité de stratégie. Un manuel de médecine et de l'art de la sexualité porte son nom (*Huangdi Neijing*). Zhuanxu eut neuf épouses et plusieurs fils dont trois qui se transformèrent à leur mort en démons et colportèrent des maladies épidémiques. Ku vécut un règne impeccable et donna naissance notamment à Yao et Xie. Yao, né d'un dragon rouge, fit faire des calculs astronomiques dans le but de proclamer le rythme des saisons, utile au peuple. C'est sous son règne que l'archer Yi abattit neuf des dix soleils qui brûlaient la terre. Shun, descendant de Zhuanxu, possédait une double prunelle à chaque œil. Il épousa les deux filles de Yao et régna en concomitance avec lui jusqu'à ce qu'il meure. Il eut à subir des épreuves et des jalousies de la part des membres de sa famille, pacifiant les chefs de tribus, régla le calendrier et les rites. Il choisit Yu le Grand comme successeur.

C'est que les Chinois possèdent deux sortes d'âmes. Les hun et les po. Les trois hun sont les souffles (qi) clairs de l'esprit qui entrent dans l'être humain à sa naissance

---

Yu le Grand descendait de Huangdi. C'est son père qui fut enceint de lui. Pour le faire naître, on ouvrit le ventre du père à coup d'épée. Yu resta célèbre pour avoir vaincu les inondations et avoir endigué les neuf fleuves. Sans doute hémiplégique à cause de ce labeur titanesque, il effectuait un rituel (que l'on retrouve dans le Taoïsme), vêtu d'une peau d'ours, avec une danse chamanique, en claudiquant : le « pas de Yu ». Et c'est son fils, qui, pour la première fois, succéda à son père en créant la première dynastie, celle des Xia.

Les pouvoirs étonnants ne sont pas seulement dans les capacités de grands civilisateurs. Gonggong, par exemple, fut de ceux-là. Il avait une tête d'homme, des cheveux rouges et un corps de serpent. Il descendait de l'Empereur Shennong et s'opposa à Zhuanxu, cherchant à lui ravir son trône. Un jour de colère, il donna un vigoureux coup de tête dans le Mont Buzhou. La montagne se brisa. Le ciel, qu'elle soutenait, bascula vers le nord-ouest. Quant à la terre, elle s'inclina vers le nord-est.

Dans ce contexte de merveilleux où les héros à moitié divins et les anti-héros sont dotés de pouvoirs étonnants, la population chinoise semble vivre des deux côtés du miroir.

Ainsi, ne faut-il pas s'étonner de la forte présence d'un culte des ancêtres. Non seulement on descend d'un grand ancêtre mais tout le clan est lié à cet ancêtre. L'ancêtre primordial mais aussi l'ensemble de la lignée des ancêtres. Les morts sont pleinement parmi les vivants. Les vivants évoluent avec eux. Mieux, les morts peuvent intercéder entre le monde d'ici-bas et celui des divinités.

On ne vit pas non plus sur une montagne sans honorer la divinité de cette montagne, ni celle de l'eau, de la terre… Sans oublier le culte des ancêtres de la famille (avec des tablettes portant leur nom), ni le Dieu du Foyer, ni celui de la Richesse, etc.

C'est que les Chinois possèdent deux sortes d'âmes. Les hun et les po. Les trois hun sont les souffles (qi) clairs de l'esprit qui entrent dans l'être humain à sa naissance. Au moment du décès, les hun se séparent du corps et remontent vers le ciel. Parfois, lors d'un malaise ou d'un évanouissement, les hun peuvent s'envoler mais elles reviennent quand la personne reprend connaissance. Les sept po, souffles troubles et opaques, sont les âmes corporelles (reliées aux os). A la mort d'une personne, elles s'échappent du corps et retournent dans la terre. (Il se peut que l'idée de la vision des ossements blanchis soit à l'origine de la couleur des vêtements de deuil : le blanc). C'est aussi au moment du décès que les hun et les po partent chacune de leur côté. C'est ce qui explique que les hun sont yang et les po, yin. Et qu'il existe donc des esprits shen, célestes et des esprits gui, terrestres, qui, eux, se transforment éventuellement en revenants.

Statuette miniature représentant un soldat mingqi de la tombe de Qin Shihuangdi (terre cuite, travail artisanal chinois contemporain). *Photo Eulalie Steens*

Dans ce contexte de merveilleux où les héros à moitié divins et les anti-héros sont dotés de pouvoirs étonnants, la population chinoise semble vivre des deux côtés du miroir.

3. Les cérémonies de funérailles ont revêtu depuis les temps immémoriaux un rituel précis. Les découvertes archéologiques, dès le début du XXe siècle, ont permis de découvrir nombre de tombes de souverains des dynasties régnantes. Et ce, depuis la plus haute antiquité.

Sous la dynastie Shang (- 1767 / - 1122, selon la chronologie traditionnelle) --- et certainement la dynastie qui la précédait, celle des Xia (en l'attente de nouvelles découvertes archéologiques) — les rois partaient dans l'au-delà accompagnés de leurs concubines, leurs ministres, leurs chevaux, leurs chiens, des aliments placés dans leur vaisselle, leurs vases rituels en bronze, leurs armes, leur mobilier et leurs richesses. On pensait que ces sacrifices humains étaient nécessaires pour accompagner le décédé vers une autre vie. Un vie immortelle, ailleurs.

Ces coutumes ne sont pas sans rappeler, dans leur principe, celles de l'Égypte ancienne. A partir de la dynastie des Zhou Orientaux (- 770 / - 222), la société évolue. Les sacrifices humains disparaissent peu à peu, sans doute sous l'influence du Confucianisme. On remplaça les personnes par des statuettes en terre cuite (parfois en bois) nommées mingqi « objet de lumière ». Sous-entendu : « objet servant à éclairer les âmes des morts ». Les plus célèbres mingqi sont les statues (grandeur nature, cette fois) du mausolée de l'Empereur Qin Shihuangdi (unificateur de la Chine en – 221). On prit ensuite l'habitude de représenter aussi le quotidien (fermes, maisons, dames de Cour, marchands étrangers sur la Route de la Soie...).

Vers les Song (960 – 1279), la fabrication des mingqi commença à diminuer considérablement. De nos jours, ces sculptures ont une valeur historique et artistique indéniables, ainsi qu'une valeur financière importante sur le marché de l'art. A l'heure actuelle, lors des cérémonies de funérailles, on utilise des substituts en papier coloré qui reconstituent la vie du défunt. Ils sont brûlés pour accompagner son esprit apaisé.

Sans oublier le culte des ancêtres de la famille (avec des tablettes portant leur nom), ni le Dieu du Foyer, ni celui de la Richesse, etc.

On notera deux points sur ce sujet des mingqi. Les riches collectionneurs chinois restent encore peu enclins à acheter ces objets qui ont, pour eux, une connotation funéraire et un lien avec l'au-delà. Ils préfèrent se focaliser sur les pièces remarquables de porcelaine impériale, par exemple. La seconde remarque est que l'on demande souvent pourquoi le mausolée de Qin Shi-

Musicienne (mingqi) miniature en terre cuite , travail artisanal chinois contemporain Photo Eulalie Steens

huangdi (découvert dans les années 70) n'a jamais été fouillé. L'État chinois parle de dangers : des arbalètes automatiques et des pièges avaient été posés pour faire fuir les pilleurs, on s'inquiète du lac de mercure qui est à l'intérieur sous une voûte étoilée (des sondages ont révélé sa présence effective), on énonce le budget conséquent des fouilles… Or il existe une raison rarement évoquée : la peur de réveiller les esprits et l'âme du défunt Empereur !

4. Un thème récurrent dans les superstitions, les histoires, les contes et les romans chinois est celui de revenants liés au renard. Les cris particuliers du renard étant effrayants, on les a assimilé très tôt à des cris de fantômes. Étant un mammifère, le renard est assimilé au yang. Toutefois, comme il se cache dans des terriers, il est aussi de connotation yin. De plus, l'animal se montrant plus facilement avant le lever du soleil, il se promène entre la nuit et le jour. Entre le yin et le yang. Il fréquente aussi les cimetières et, à cause de cela, il est proche des morts. Il lui arrive même parfois de dévorer des cadavres… et se nourrit donc des âmes po.

Autre soldat mingqi.   Photo Eulalie Steens

A l'heure actuelle, lors des cérémonies de funérailles, on utilise des substituts en papier coloré qui reconstituent la vie du défunt.

De plus, comme la terre emmagasine le « souffle » qi, et qu'il en reçoit les bienfaits, il est censé vivre très longtemps. Ainsi a-t-il cette possibilité extraordinaire : se transformer en humain, posséder l'esprit de certains humains ou encore servir de monture aux fantômes. Sous la dynastie Han (- 206 / + 220), on pratiquait des exorcismes pour soigner les malades et les débarrasser de cette possession maléfique.

Dans les récits, le renard se transforme en être humain pour abuser les vivants, les tromper et leur faire du mal. Ils ont aussi des pouvoirs magiques pour transformer la réalité des choses et hanter les maisons. Le pire est sans doute la femme-renarde. C'est elle qui envoûte les hommes pour les faire sombrer dans une sexualité débridée. Ainsi, selon les préceptes taoïstes de la sexualité, le principe de base est que l'homme se nourrit du yin de la femme pour renforcer son yang. Avec une renarde, il perd la tête et en oublie tout l'art de la chambre à coucher.

Ces femmes-renardes, elles, savent accroître leur yang, en épuisant l'homme qui perd toute énergie et voit sa vie s'écourter. Tandis qu'elles, renforcées, atteignent l'immortalité.

Les riches collectionneurs chinois restent encore peu enclins à acheter ces objets qui ont, pour eux, une connotation funéraire et un lien avec l'au-delà.

---

5. Il semble aussi que les fantômes maléfiques qui hantent la vie de certains êtres humains soient des esprits non apaisés, à cause des malheurs qu'ils subirent avant leur trépas. Des âmes en errance désireuses de vengeance. Ceci dû à un dérèglement de la tenue des humains sur terre : des personnes qui ont rompu l'ordre céleste naturel et universel.

Mais les fantômes ne sont pas forcément mauvais. On se rappellera l'histoire que vécut l'Empereur Wu (-141 / - 87) de la dynastie Han, lorsqu'un magicien, Shaoweng, adepte du Taoïsme de surcroît, proposa un spectacle à l'Empereur en faisant apparaître la silhouette de Dame Li, sa chère concubine décédée. (Ce qui fait de Shaoweng l'inventeur de la lanterne magique, 2.000 ans avant l'Occident). La projection était tellement réaliste que le souverain crû que sa concubine avait ressuscité et était présente auprès de lui en ayant vaincu la mort.

Les Chinois célèbrent les morts une fois par an à la Fête du Qingming (« pure lumière »), le troisième jour du troisième mois du calendrier lunaire (entre le 4 et le 6 avril de notre calendrier, mais le plus souvent le 5), quinze jours après l'équinoxe de printemps. L'origine de cette fête se veut honorer la mémoire de Jie Zitui. Celui-ci était un fidèle du prince héritier du duché de Jin, au temps de la dynastie des Zhou Orientaux (VIIe siècle av. JC). En exil, le prince se trouva malade et affamé. Jie n'hésita à se mutiler le bras pour le nourrir. Il guérit. Plus tard, le prince ayant recouvré son trône, il oublia Jie.

Déçu, celui-ci s'enfuit dans une montagne boisée. Le Duc, ayant compris son ingratitude, fit rechercher Jie. Ses sbires mirent le feu à la forêt afin de déloger le récalcitrant... qui se laissa brûler vif. En hommage à cet acte, le Duc fit construire un temple sur le lieu même et ordonna que l'on éteigne tous les feux chaque année à la même période.

Depuis, on célébra donc la Fête du Qingming sur plusieurs jours en mangeant uniquement des aliments froids la veille de la fête. On se rend au cimetière pour honorer les défunts (culte des ancêtres). On nettoie leurs tombes. On ranime les feux ensuite, ce qui est une façon de saluer aussi la venue du printemps.

De nos jours, le rituel de proposer la veille des plats froids est un peu tombée en désuétude mais on se rend toujours au cimetière, on balaie les feuilles mortes, on dépose de la nourriture sur les tombes, on parle aux défunts pour leur raconter ce qui s'est passé, on brûle du papier monnaie factice et… l'on pique-nique, parfois en musique. Les morts participent à la vie et leurs descendants vivants s'assurent que le lien avec eux existe toujours. Les morts et les vivants ne se quittent jamais.
Eulalie Steens

---

1 - Confucius, Maître Kong, - 551 / - 479.
2 - Lunyu : Propos. Le plus ancien texte qui rassemble les dires de Confucius, écrit par ses disciples, voire des disciples de disciples.
3 - Dao en transcription internationale pinyin, utilisée ici. Tao en transcription française et anglo-saxonne.
4 - Lao Zi = Lao Tseu « Le Vieux Maître ». Ce contemporain de Confucius a dit le Daodejing au gardien de la passe, avant de s'en aller pour toujours vers l'ouest en traversant les montagnes, à califourchon sur un buffle. (*Livre de la Voie et de la Vertu*, ou : *Livre de la Voie et de sa Vertu*.

A noter que la version que nous utilisons actuellement est une version postérieure à Lao Zi, qui fut vérifiée, annotée et commentée par Heshang Gong, un Taoïste qui aurait vécu de – 179 à – 156.

De surcroît, le manuscrit qui nous est parvenu daterait du IIIᵉ siècle. Heshang Gong ne fut pas le premier commentateur du texte mais il en reste le plus célèbre. C'est lui qui aurait divisé le manuscrit en Daojing (37 chapitres) et en Dejing (44 chapitres).

C'est cette version de base, fondement de la version dite en « cinq mille caractères » qui traversera les siècles et servira pour l'établissement officiel du texte sous la dynastie Tang (618-907).

Autre reproduction d'un soldat mingqi, en miniature. (Mingqi est la transcription en pinyin ; en transcription française de l'Ecole d'Extrême-Orient, on écrit Ming-k'i…

– dans les deux cas, bien sûr, la prononciation reste la même, soit "ming-chi", nous a précisé Eulalie, évidence coulant de source mais donnée après des erreurs de la rédaction de Un Temps (Ndlr).

Photo Eulalie Steens

Mais il faut signaler que les découvertes archéologiques faites à Mawangdui (province du Hunan), dans les années, 70 bouleversèrent la donne. On découvrit la tombe du Marquis de Dai et de la Marquise de Dai, et de leur fils. (prononcer "daille" – ndlr)

Outre le corps de la Marquise, demeuré presque intact, et le fabuleux mobilier funéraire, on y retrouva une magnifique bibliothèque de rouleaux de soie, avec une autre version du texte de Lao Zi…. Où les deux parties sont inversées. Un *De dao jing*, en quelque sorte, où l'on rencontre nombre de nuances par rapport à la version officielle.

(Les traductions sont de l'auteur. Cf. : Eulalie Steens : *Lao Tseu, Le véritable Tao Te King, présenté et traduit du chinois par Eulalie Steens*, Editions du Rocher, 2002)
5 - Yin : principe féminin ; Yang : principe masculin.

CHARTE DES CONTRIBUTEURS

Un Temps est constituée d'articles spécialement rédigés dans le cadre des thèmes annoncés. La participation d'auteurs extérieurs peut s'accepter sans que quiconque se voie associé ou impliqué.

I Contributions

1 – Tout être humain peut contribuer à Un Temps en proposant des textes ou des images, réputés non sollicités ou commandés, dans le respect des autres contributeurs, et de l'image de la revue. Il ne devra pas être introduit de mensonge, basse propagande, ou expression contraire aux Lois, coutumes, us et politesses (liste non limitative). Si malgré la vigilance, l'attention et la censure responsable du Comité de Rédaction de Un Temps, des contenus litigieux venaient à être publiés, leur auteur en resterait seul face aux conséquences, la rédaction ne s'associant pas forcément à la défense d'opinions externes gentiment publiées.

2 – Chaque texte est soumis au Comité de Rédaction qui vérifie l'application des présentes consignes. Le Rédacteur en chef pourra demander aux auteurs d'éventuelles corrections.
Dans un souci de cohérence, chaque article pourra être présenté, voire commenté, par l'équipe rédactionnelle.

3 – Le Comité de Rédaction détenant toute Autorité (mot bâti sur rite, voulant dire mise en ordre, et auto, c'est nous) sera Souverain Décideur sans appel sur les contenus proposés et n'aura pas à motiver ses refus Soyons d'abord bien d'accord.

4 – Les contributions peuvent se faire sous forme d'article ou de rubrique. Il existe quatre sortes de contenus :
a) Les Articles de fonds en rapport avec le thème du numéro, en général annoncé dans le(s) n° précédant(s).
b) Les petits textes critiques entrant dans la rubrique Actualité et la rubrique Critique Littéraire.
c) Sur demande, une parution à la section « Expression libre » (qui peut accueillir les avis, articles et critiques d'invités)
d) Des Interviews de personnalités culturelles notables ou représentatives du mouvement des idées.

II Spécifications techniques

5 – Il est impératif de respecter la longueur imposée des articles :
8.000 à 30.000 signes, espaces compris, pour les articles,
5.000 à 10.000 signes, espaces compris pour les rubriques.
Chaque longueur sera précisée en concertation, en fonction du contenu prévu du numéro.

6 – Les images devront être adressés dans un dossier séparé, avec une définition de 300 dpi (pixels par pouce, traduction de dot per inch –dpi). Elles devront indiquer la source et l'auteur du document. Sachez qu'une copie mécanique reste une copie et que le Droit tolérant de moins en moins les abus de copies, une image non libre de droits sera refusée.

7 – Les délais de remise des textes sont impératifs car ils engagent toute la chaîne de fabrication. Tout article non parvenu à temps dans les délais annoncés s'expose à ne pas être publié.

8 – Chaque texte doit être signé, daté, envoyé à Eclosion, à l'adresse : postmaster@eclosion-shop.fr sous forme de fichier PDF ouvert avec indication claire des places des illustrations, chapeaux, inters, éléments souhaités. Le cas échant, le format Word97 ou le texte de mail brut suppléeront.
Les mots en majuscules, les doubles espaces, doivent être évités.
Les citations doivent être entre guillemets.
Des intertitres sont souhaitables pour faciliter la lecture et relancer l'intérêt. Au cas où ils ne figureraient pas, la Rédaction se réserve le privilège d'extraire des portions de texte pour en créer des inters.
Une bibliographie succincte peut être jointe. Chaque citation ou renvoi d'ouvrage doit être sous la forme consacrée par les usages : *Prénom de l'auteur, nom, titre de l'ouvrage en italique, éditeur, lieu et année de parution.*

Un article ne respectant pas ces points risquer de passer après un article les respectant (ou de ne pas passer).

III Obligations

9 – Eclosion, le label sous lequel est publié Un Temps, enverra à chaque contributeur un exemplaire de la revue dès qu'elle sera disponible.

10 – Chaque contributeur pourra d'acquérir jusqu'à 30 exemplaires de la revue à prix de réserve + frais d'envoi (voir avec Eclosion pour ces points), et fera son affaire de la revente et de

l'écoulement desdits exemplaires, sachant qu'il est indiqué un prix de vente public de 12 €. Tout exemplaire en sus de ces 30 exemplaires sera facturé 9€ au contributeur.

11 – Chaque contributeur externe accepté et publié aura droit à un espace libre d'une demi-page pour une publicité pour ses œuvres, ouvrages ou proclamation(s). Hélas, l'odieuse censure du Comité de Rédaction sera là aussi prépondérante et capable de refuser un contenu. Au bout de trois refus de contenu, l'espace libre sera réputé avoir été consommé, en même temps que la patience des censeurs. Il convient donc de bien s'entendre, et d'être de bonne foi, avant de se lancer dans toute démarche risquant d'aboutir à une impasse.

IV Bon goût

Responsabilité

12 – L'expression des auteurs est libre, donc mature et responsable. Les textes doivent s'inscrire dans l'esprit du thème et dans les limites du sujet traité.
En cas de désagrément et volonté de réagir contre un article publié dans la revue, il sera offert au contributeur froissé une possibilité de courte réponse exprimant son désaccord motivé, une fois et une seule, sous la forme d'un texte de réponse n'excédant pas une demi-page de la revue. Tout désaccord supplémentaire devra être réglé directement entre contributeurs. Le cas échéant, la rédaction se réservera le droit de publier une mise au point concluant sur le débat.
En cas de répétitions ou de redondances, aléatoires et indépendantes des volontés, chaque contributeur devra faire son affaire des éventuelles démonstrations d'antériorités ou discordes.

Censure immonde

13 – Tout article proposé peut être victime d'un refus définitif, même après concertation(s) sur la modification d'un point litigieux. L'indisposition totale d'un des responsables de la revue peut aussi être un cas de censure sans appel. Au cas où il y aurait eu promesse que l'article passera, et qu'il ne passe pas, le contributeur déçu en fera son affaire personnelle.

Niveau

14 – La première qualité d'un auteur est d'être compris par ses lecteurs. Ce souci de clarté doit inciter à rechercher la simplicité dans le style et dans les mots. Même si le succès vient couronner une publication, ceci n'ouvrira pas droit à lancer des ukases, exiger, dicter; se prendre pour un Directeur quelconque ou laisser peser ou menacer des comportements de star.

Sérieux

15 – Les exposés compilateurs et recopieurs arides ne sont pas du tout encouragés. Les erreurs, volontaires ou involontaires, ne déclencheront pas l'amusement de qui que ce soit. La réflexion personnelle, le témoignage, le ressenti et la prise de position mesurée sont toujours préférables à la citation d'Internet, et de sites qui pompent et se recopient déjà assez eux-mêmes. Ainsi, l'emploi du « je » est encouragé mais non exigé.

Citations – Icônographie

16 – Toujours tenter d'attribuer les sources et précédents à leurs auteurs. Réaliser ou faire réaliser ses propres schémas. Pensez à votre propre crédibilité et réputation.

Tolérance

17 – Les contributeurs accepteront qu'Eclosion, structure éditrice de Un Temps, prenne des pages de publicité dans la Revue et y étale des réclames pour les ouvrages qu'elle édite ou les contenus qu'elle publie ou fait paraître sur quelque support que ce soit.

V Propriété

18 – Comme pour de très nombreuses revues aux contributions bénévoles, chaque contributeur doit et est censé savoir que sa contribution est gratuite, et qu'il cède à Un Temps et à Eclosion ses droits sur ses textes et images pour reproduction et exploitation, à l'exemple de ce que font les autres contributeurs de la revue (et de ce qui sefait par usage).

19 – Un Temps et Eclosion pourront reprendre des articles, textes, extraits, pour les republier dans des recueils, anthologies, publicités, de nature à assurer le succès de la revue et de sa publication.

VI Réserve

20 – Toutes dérogations pourront être apportées et stipulées à cette charte par Contrat, dûment rédigé et passé entre le Contributeur et Un Temps et Eclosion, ce Contrat prenant le pas sur les présentes stipulations.

21 – Cette charte pourra être révisée sans préavis, celle publiée dans le n° à la date de son bouclage technique devenant valide à la place de la précédente.

Le Comité de Rédaction de Un Temps.

> **1824**
>
> Le cimetière du Montparnasse couvre une superficie de 18,72 hectares. Planté de 1244 arbres de 40 essences différentes (sophoras, érables, tilleuls...), c'est un espace vert important de la capitale, riche en œuvres d'art anciennes et modernes. Parmi les 38 000 sépultures figurent d'illustres défunts du monde des arts et des lettres.

Le cimetière du Montparnasse occupe le site d'une ancienne ferme dont il reste d'ailleurs quelques vestiges, mais l'important n'est pas là : il s'étend en fait sur les fameuses catacombes, en fait d'anciennes carrières, et rien de pesant ne pouvait y être construit ou loti pour étendre la ville.

Il y a donc des morts en surface, et beaucoup plus de morts en dessous, puisque les anciens cimetières parisiens furent vidés de leurs ossuaires au profit des entassements de restes humains parfois photographiés dans les catacombes.

Nous aurions pu vous reproduire des plans, des cartes, dresser tout un macabre circuit d'indications pour à peine retracer la surface de l'empire de la mort, comme disait le poète Jacques Delille (1738-1813), dont un alexandrin orne l'entrée des catacombes : « Arrête ! C'est ici l'empire de la mort. »